Jürgen Jösch
TROPHÄENFIEBER

Jürgen Jösch

Trophäen fieber

mit 49 Farb- und 4 Schwarzweiß-
Abbildungen

nimrod
verlag + versandbuchhandel

BILDQUELLEN:

Hansgeorg Arndt: Titel, Seite 37 oben
Roman Fritsch: Seite 39 oben
Stefan Meyers: Titel
Fritz Pölking: Seiten 77 oben, 137
Frank Rakow: Seite 117

Alle anderen Aufnahmen stammen vom Verfasser

CIP-Titelaufnahme der Deutschen Bibliothek
Jösch, Jürgen:
Trophäenfieber/Jürgen Jösch – Bothel: nimrod, 1991
ISBN 3-927848-05-0

ISBN 3-927848-05-0
© nimrod-verlag, Postfach 11 13, Düsterneichen 291, 2725 Bothel
Printed in Germany
Titelgestaltung: Heinz L. Potzkai
Satz: TDS Melsungen, I. Gerlach-Wiegand, Lobenhäuser Weg 15, 3508 Melsungen
Lithos: Reprotechnik Schulz, Holzkoppelweg 14, 2300 Kiel 1
Druck: Werbedruck Schreckhase, Dörnbach 22, 3509 Spangenberg
Verarbeitung: Buchbinderei Ludwig Fleischmann, Königstraße 7a, 6400 Fulda

Inhalt

Vorwort

Gibt es eine schönere Art, Land und Leute einer fremden Region kennenzulernen, als dort auf Jagd zu gehen?

Die Reiselust hat (nicht nur hierzulande) die Jäger erfaßt, dafür gibt es viele Hinweise. Allein ein Vergleich im Anzeigenteil der Jagdzeitschriften unter der Rubrik Jagdvermittlung vor zehn, zwanzig oder gar dreißig Jahren mit dem heutigen Umfang macht deutlich, welch ein Interesse an solchen Angeboten besteht.

Aber auch die redaktionelle Berichterstattung hat sich eindeutig an diesem Bedarf orientiert: Keines der führenden Blätter kommt heute ohne mindestens einen großen Bericht über ausländische Jagdgründe aus. Ergänzt werden diese Artikel durch zahlreiche Meldungen über Jagd, Wildforschung und Naturschutz aus aller Herren Länder. Vor über einem Jahr hat sich mit „JAGEN weltweit" eine neue Zeitschrift, die ausschließlich das Thema Auslandsjagd behandelt, erfolgreich auf dem deutschsprachigen Markt etabliert. Mit Leserreisen treten die Journale selbst aktiv im Markt auf.

Während es früher nur Abenteuerlustigen und Wohlbetuchten vorbehalten schien, Reisen solcher Art nach Osteuropa, Afrika oder Übersee zu unternehmen, trifft man heute fast in jeder Gruppierung Jäger an, die über Auslandserlebnisse berichten können. Einige haben enge, teilweise freundschaftliche Beziehungen zu Jagdrevieren in Ungarn, Polen oder Skandinavien aufgebaut und fahren regelmäßig dorthin, andere bevorzugen den Reiz, stets neue Länder, Regionen und Wildarten „zu erobern", um sowohl neue Jagdarten kennenzulernen als auch ihren „Artenhorizont" zu erweitern.

Die erträglichen Flugkosten sorgen dafür, daß auch fernere Ziele näher rücken: Kanada und Alaska ebenso wie Südwest- und Südafrika. Längere Urlaubszeiten und höhere Einkommen verstärken diesen Trend. Die heute weit verbreiteten Grundkenntnisse der englischen Sprache helfen zudem, Sprachbarrieren abzubauen.

Da in den meisten Fällen zunächst große Städte den Anlaufpunkt bilden, bevor es weiter in die Jagdgefilde geht, lassen sich dort erste Impressionen vom Lebensrhythmus und -standard des jeweiligen Landes sammeln. Doch irgendwie gleichen sich diese Metropolen alle. Einen wirklichen Eindruck von der „Seele eines Landes" habe ich bei meinen Reisen erst auf der Jagd mitbekommen.

Jagd findet abseits der Zentren statt, dort, wo die weltweit gleichen Mechanismen unserer Zeit noch nicht gegriffen haben, so daß viele in Anpassung zu Landschaft und Kultur entstandenen Lebensarten erhalten blieben. Je „unverdorbener" die Verhältnisse, umso eher ist der Jäger mehr Gast als Kunde. Mit der Jagdführung werden zwangsläufig Leute betraut, die sich in diesem Raum und mit dem dort lebenden Wild auskennen. Sagen Sie selbst, gibt es eine schönere Möglichkeit, den Charakter eines Landes aufzunehmen?

Nicht selten wird durch solche Erlebnisse der Wunsch geweckt, viel häufiger als Jäger die Welt „zu entdecken" und zu bereisen. Durch Familie und Beruf sind die meisten von uns jedoch gebunden. Und selbst wer ernsthafter darüber nachdenken sollte, wird schnell die Unwägbarkeiten eines solchen Lebensweges spüren und die Idee verwerfen.

Nicht so der Autor dieses Buches. Die Begeisterung für die Jagd führte Jürgen Jösch schon in frühen Jahren über die Grenzen seiner Heimat um Koblenz in ausländische Wildbahnen. Zum Schlüsselerlebnis wurde für ihn seine erste Jagdreise 1962 nach Kenia. Die einzigartige Atmosphäre des schwarzen Kontinents mit seinen reichhaltigen jagdlichen Möglichkeiten zogen ihn in seinen Bann und ließen ihn nicht mehr los.

Obwohl die Chancen für einen weißen Berufsjäger alles andere als aussichtsreich erschienen, siedelte er schon bald danach mit Familie nach Ostafrika über. Beharrlich und gegen viele Widerstände verfolgte er das gesteckte Ziel, eine Lizenz als Professional Hunter zu erlangen. Als dies schließlich gelang, folgte eine Zeit intensiven Jagens. Das Führen von Jagdgästen aller Nationalitäten in den wildreichen Jagdgründen Ostafrikas diente auch dazu, immer wieder eigene jagdliche Träume zu verwirklichen. Dazu gehörten unter anderem längere Aufenthalte im Norden Amerikas, wo er von 1973 bis 1976 für einen befreundeten Outfitter auch als „Hilfsjagdführer" tätig war.

Der Draht zur Heimat riß allerdings nie ab, vor allem die Rehbockjagd brachte ihn alljährlich nach Europa. Anläßlich einer Jagdreise nach Schottland fiel ihm der Hirschreichtum dieser Region auf, und er begann parallel zu Afrika dort Reisen für deutsche Jäger zu organisieren. Als fünf Jahre später in Kenia die Jagd gesperrt wurde, verlegte Jösch kurzentschlossen sein Betätigungsfeld in den Norden des britischen Inselreiches.

Neben der Jagd fing Jösch an, sich immer stärker für Pferde, speziell für Vollblüter, zu begeistern. Seine Erfolge als Züchter mit dem Gestüt Dachsborn ermunterten ihn, die Trainerprüfung abzulegen und seine eigenen Pferde für Rennen vorzubereiten. Das gelang so erfolgreich, daß er sich 1984 von der Jagd in Schottland zurückzog und sich ganz dem Pferdesport widmete, der ihn schließlich nach Südfrankreich verschlug.

Vier Jahre blieb er der professionellen Jagd untreu, doch dann siegte die alte Passion. Übermächtig zog es ihn zu Beginn des Jahres 1989 zurück in seine zweite Heimat Afrika. Zunächst um einem Landsmann beim Aufbau einer Safarifirma in Südafrika behilflich zu sein, gründete er dort ein Jahr später mit BUSHVELD SAFARIS eine eigene Firma und führt wieder Jagdgäste in allen Teilen der wildreichen Republik.

Die Jagd ist für den 56jährigen bis heute nicht zum Geschäft geworden. Nach wie vor ist die Passion zu spüren, der vitale Wunsch nach neuen Herausforderungen und die Lust, auch unter schwierigsten Bedingungen weiterhin starke Trophäen zu erringen. Sein Hinweis in eigener Sache, daß es genügend Gebiete auf dieser Welt gäbe, die er noch gern (natürlich jagdlich) kennenlernen möchte, dokumentiert seinen ungebrochenen Tatendrang.

Neben jagdlicher Leidenschaft und Erfahrung waren sportliche Fitness, Ausdauer und Abgeklärtheit im entscheidenden Moment Garanten für die außerordentlich hohe Zahl von kapitalen Trophäen, die Jürgen Jösch in seiner Laufbahn bisher erbeutete. Bereits 1971 auf der Weltjagdausstellung in Budapest wurde eigens für die Jösch-Trophäen ein Teil des Standes von Tansania reserviert. Nach Prinz Abdorezza fielen bei dieser Veranstaltung auf seine Trophäen die meisten Auszeichnungen.

77 Bronze-, 94 Silber- und 116 Goldmedaillen erhielten die jagdlichen Erinnerungsstücke aus dem bewegten Leben des Verfassers bisher insgesamt auf internationalen Ausstellungen, allein 19mal bedeutete die Bewertung Weltrekord. Eine wohl einmalige Bilanz. Kein anderer Europäer hat so viele Trophäen im renommierten Rekordbuch Rowland Ward stehen wie der Autor des vorliegenden Werkes.

Wer, wie der Herausgeber dieses Buches, von Berufs wegen mit der Jagd befaßt ist, viele Manuskripte, Artikel und Bücher zum Thema Auslandsjagd gelesen hat und selber über einige Erfahrung verfügt, besitzt zwangsläufig eine kritische „Leserbrille". Umso mehr faszinierte die jagdliche Kompetenz der Schilderungen, die subtile Darstellung des Umfeldes, der hautnahe Kontakt zu den teilweise außergewöhnlichen Ereignissen und Stimmungen.

Jürgen Jösch ist es nicht nur gelungen, mit seinen Trophäen unvergeßliche Werte zu schaffen. Mit diesem Buch läßt er das von ihm bejagte Wild in seiner ganzen Schönheit, Persönlichkeit und manchmal auch Gefährlichkeit vor den Augen des Lesers wieder lebendig werden.

Deshalb vor dem Einstieg in das erste Kapitel der warnende Hinweis an Leser, die für den „Bazillus Trophäenfieber" anfällig sind: Vorsicht, es besteht Ansteckungsgefahr!

August 1991   Frank Rakow
                                              (Herausgeber)

Einblick

Das Erste, an das ich mich auch heute noch gut zurückerinnern kann, waren die Besuche bei meinem Großvater. Dort hingen viele Trophäen an den Wänden, und jede von ihnen hatte ihre ganz spezielle Geschichte, die mir mein geplagter Großvater immer und immer wieder erzählen mußte. Wahrscheinlich bewirkte diese frühe Kindheitsprägung, daß ich Jagdtrophäen stets als etwas ganz besonders Wertvolles eingestuft habe. So wurde die kapitale Trophäe zum starken Motor all meiner späteren jagdlichen Betätigungen.

Nun gibt es ja viele Jäger, die behaupten, daß die Trophäe an sich mehr ein „Nebenprodukt" sei. Nur das Erlebnis zähle. Bei mir ist dies anders. Es zieht mich besonders dann hinaus, wenn eine starke oder seltene Beute lockt. Dann schrecken mich weder Eis noch Schnee, Hitze oder Dürre, scheue ich weder Kosten noch Strapazen. Daß dabei hart gejagt wird, das Wild seine Chance hat, ist für mich selbstverständlich. Ein in der Falle gefangenes Stück würde ich nie auf meine Jagdstrecke anrechnen. Auch die unumgänglichen Hochsitz-Rehböcke können für mich nie den gleichen Stellenwert erreichen wie die Erpirschten.

Mit soviel Passion „belastet", war es für mich nur eine Frage der Zeit, bis ich mein Leben so gestaltet hatte, daß nur noch die Jagd, und zwar möglichst auf starke und interessante Trophäenträger, den Mittelpunkt meines Lebens bildete.

Auf dem Weg dahin waren jedoch noch einige Hindernisse zu überwinden, denn – wie in den meisten Fällen – meine Eltern hatten andere Vorstellungen bezüglich meines beruflichen Werdegangs. Eine der vordringlichsten Aufgaben im damaligen Nachkriegsdeutschland bestand zwangsläufig im Wiederaufbau der Industrie. Mein Vater hatte nach Rückkehr aus der Kriegsgefangenschaft einen Fliesen-Marmorbetrieb gegründet, und von mir, dem einzigen Sohn, wurde erwartet, daß er in die Fußstapfen des Vaters tritt, zumal es damals kaum etwas Lukrativeres zu geben schien, als Fliesenleger oder Schieber zu werden. Der erste Beruf war also unweigerlich vorbestimmt, obwohl ich lieber etwas im Zusammenhang mit der Jagd, mindestens aber eine Beschäftigung in Kontakt zu Tieren begonnen hätte.

Als die noch junge Bundesrepublik ihre Jagdhoheit bekam, hielt mich nach Ablegung der Jägerprüfung nichts mehr, und ich verbrachte jede freie Stunde in unserem neugepachteten Revier. Übermäßig angewachsene Schwarzwildbestände mit urigen Keilern reizten ebenso wie das damals noch längst nicht so zahlreiche Rehwild.

Geld hatte für mich nur dann einen Wert, wenn ich es jagdlich einsetzen konnte. So waren 500 DM zu der Zeit gleichbedeutend mit einem Gamsabschuß, und der doppelte Betrag ermöglichte zumindest einen Abschußhirsch. Kein Wunder, daß ich mich mit dieser Einstellung recht deutlich vom allgemeinen Erwerbsdenken meiner Mitmenschen unterschied.

Trotz dieser ausgeprägten Passion entwickelte ich mich jedoch keineswegs zum Außenseiter, sondern engagierte mich vor allem auf sportlichem Gebiet. Als Leichtathlet brachte ich es bis zur Berufung in die Nationalmannschaft. Im Hochsprung und Zehnkampf hätte ich nach Ansicht meines Trainers durchaus das Rüstzeug zu einem internationalen Klasseathleten gehabt – nur das dafür notwendige Trainingspensum wäre entschieden zu Lasten der Jagd gegangen. So lebte ich zwangsläufig mehr vom Talent. Später fuhr ich auch Autorallys, nahm an Bergrennen teil und stieg schließlich sogar in einen Formel-Rennwagen um. Doch die Nummer 1 aller Interessen ist für mich stets die Jagd geblieben.

Meine jagdliche Leidenschaft hatte mich bereits kreuz und quer durch Europa geführt, als etwas geschah, was mein Leben völlig veränderte. Ich buchte 1962 eine Safari nach Kenia. Eigentlich gehörte ich bis zu diesem Zeitpunkt nicht zu jenen, die schon von Kindheit an vom schwarzen Erdteil träumen und die Berichte der ersten Forscher, Großwildjäger und Abenteurer mit glühendem Herzen verschlungen hatten. Ich konnte eher der Gruppe Jäger zugerechnet werden, deren höchstes Ziel es war, Elch oder Bär in den menschenleeren Weiten Kanadas und Alaskas nachzustellen.

Ich spüre noch heute, wie auf der ersten Safari der Zauber dieses fremden Erdteils von Tag zu Tag immer mehr von mir einnahm und immer tiefer in mich eindrang. So stark, daß ich am liebsten gleich dort geblieben wäre. Der „Bazillus africanus" hatte mich voll gepackt, und ich war fest entschlossen, mein bisheriges Leben grundlegend zu verändern.

So leicht wie ich mir das vorgestellt hatte, ging es aber nicht, denn schließlich war ich verheiratet und Vater von drei Kleinkindern. Außerdem schien es nahezu unmöglich, ein sogenannter „White-Hunter" zu werden, denn dazu mußte man in die Hegemonie der Briten eindringen, die in den gerade unabhängig gewordenen

Staaten Kenia, Tanganyika und Uganda alle wichtigen Posten und Ämter besetzt hielten. Der kleine illustre Kreis der damaligen Safariführer zeigte verständlicherweise kein Interesse daran, einen Fremden, dazu auch noch einen „bloody German", in ihre Gemeinschaft aufzunehmen.

Doch bekanntlich höhlt der stete Tropfen auch harte Steine, und an Energie, meinen Wunsch in die Tat umzusetzen, fehlte es wahrlich nicht. Jedenfalls zog ich nach Nairobi und bot dem dortigen Wildhegeamt meine Dienste an. Erste Schützenhilfe erhielt ich von Rupert Lüdecke, einem Deutschen, der erst kurz davor in der Hauptstadt Kenias ein Waffengeschäft eröffnet hatte.

Meine ersten Einsätze beschränkten sich meist darauf, Büffel zu schießen, die in den Feldern, Pflanzungen und Shambas zu Schaden gingen. Doch schon bald folgten sogenannte Kontrolljagden auf alles weitere Großwild. Als meine Liste viele erfolgreiche „Einsätze" verzeichnete, bekam ich nach zwei Volontär-Safaris endlich eine beschränkte Jagdführerlizenz ausgehändigt.

Es folgten herrliche Jahre zumeist in den sonnenüberfluteten Savannen, gelegentlich auch in den immergrünen Regenwäldern. Vor allem die Jahre im „unvergleichlichen Ikoma" werden mir immer vor Augen sein. Dies kann durchaus wörtlich genommen werden, denn viele kapitale Trophäen erinnern mich tagtäglich an zum Teil außergewöhnliche Begebenheiten.

Dabei war keinesfalls damals alles angenehm, denn die Afrikanisierung der jungen ostafrikanischen Staaten brachte viele Umstellungsprobleme. Um den Beruf eines Safariführers optimal auszufüllen, brauchte man gute Jagdgebiete. Diese wiederum wurden von den neuen schwarzen Herren vergeben, was neben nichtendenwollenden Zusammenkünften ständige Zahlungen („chini-chini" genannt) voraussetzte. Vetternwirtschaft, Korruption und Bestechung waren an der Tagesordnung und bildeten die „Kehrseite der Medaille".

Im Beruf ging es darum, sich auf jeden Gast individuell einzustellen, und man tat sich leichter, wenn man selbst vielseitig und vor allem flexibel war. So ist ein Top-Safariführer immer eine Mischung aus Automechaniker, Geschäftsmann, Dolmetscher, Saufkumpan, Beichtvater, Medizinmann, Animateur und Organisator. Vor allem aber muß er ein passionierter Jäger sein. Denn der Jagderfolg sollte vordringlich sichergestellt werden, so gering das Rüstzeug des Gastes auch sein mag.

Auf einer Safari geht es darum, die Übereifrigen zu bremsen, die

Zerknirschten wieder aufzurichten und pausenlos und überall zu improvisieren. Sind die Gäste anpassungsfähig und nett, dann herrscht eitel Sonnenschein, und es entstehen sogar Freundschaften, die ein Leben lang halten. Doch wenn die Gäste mit falschen Vorstellungen nach Afrika gekommen und nicht bereit waren, sich an die Gegebenheiten anzupassen, dann gab es weiß Gott bedeutend angenehmere Tätigkeiten als den Beruf eines Safariführers.

Mir ging es hauptsächlich darum zu jagen und in einer möglichst unverdorbenen Natur zu leben. Deshalb zog es mich immer wieder hinaus in die Wildnis. Da es darum ging, meine eigenen Jagden zu finanzieren, führte ich zahlende Jagdgäste. Ich tat dies in den Weiten Afrikas, aber auch in Alaska, im Norden Schottlands und auf den Bergen Persiens genauso wie in den abwechslungsreichen Revieren Europas.

Dies bildete (bis auf eine dreijährige Unterbrechung, in der ich mich ausschließlich dem Training von Galopprennpferden widmete) meine „Lebensachse", und davon erzählen die nachfolgenden Geschichten. Im Mittelpunkt stehen eigene, meist etwas vom alltäglichen abweichende Erlegungen kapitalen Wildes. Erlebnisse mit Gästen habe ich mir für ein weiteres Buch aufgehoben.

Trophäensucht, Trophäenfimmel, Auslandsjagd mit protzigen Hörnern, Geweihen und Decken! Gehört dies nicht längst der Vergangenheit an? Ist sowas überhaupt noch zu verantworten? Diese Fragen sind in heutiger Zeit nicht selten zu vernehmen.

Selbst unter uns Jägern gibt es nicht wenige, die der ausschließlichen Trophäenjagd, der Jagdreise mit dem Ziel, starke Trophäen zu erbeuten, und dafür je nach Stärke mehr oder weniger zu bezahlen, ablehnend gegenüberstehen. Mehr noch, diese Waidgenossen sind der Meinung, dadurch würde das Ansehen der Jagd und der Jägerschaft geschädigt. Aus eigenem Erleben kann ich dieser Einstellung nicht beipflichten.

Anfang der sechziger Jahre hat Professor Dr. B. Grzimek in seinem ersten Afrikabuch gefordert, daß man als Fototourist, keinesfalls aber als Jäger nach Afrika reisen soll, denn neben der Dezimierung der ohnehin schon geschädigten Tierwelt gäbe man außerdem der einheimischen Bevölkerung ein schlechtes Beispiel. Diese Forderung wurde später von ihm nie wieder gestellt, und er hat, wie viele andere auch, die wichtige Rolle des Jagdtourismus für die Erhaltung der afrikanischen Tierwelt eingesehen und akzeptiert. Denn wären nur noch Fototouristen in die Entwicklungsländer Afrikas geflogen, um dort in den Nationalparks Wild unter „halbwilden, unnatürlichen

Bedingungen" auf Film und Fotos zu bannen, dann wäre es den freilebenden Wildtieren schlecht ergangen.

Der Jagdtourismus aber hat bewirkt, daß heute besonders im südlichen Afrika große Wildherden wieder Gebiete bevölkern, die vorher nahezu wildleer gewesen sind. In Namibia, Simbabwe, Botswana und Südafrika ist es der Jagdtourismus, der vielerorts Wildfarmen entstehen läßt. Ihm ist es zu verdanken, daß die vom Aussterben bedrohten Wildarten – wie z. B. Weißschwanzgnu, Bontebock und Breitmaulnashorn – neben anderen wieder so zahlreich vorkommen, daß sie kontrolliert bejagt werden können.

In Ostafrika hat keinesfalls die Trophäenjagd, sondern die Wilderei vielen Tierarten den Todesstoß versetzt. „Begünstigt" wurde diese Entwicklung durch ein Jagdverbot in einigen Ländern, das der professionellen Wilderei Tür und Tor öffnete und dafür sorgte, daß der Elefantenbestand hunderttausendfach dezimiert und die Spitzmaulnashörner nahezu ausgerottet wurden. Jäger werden schon allein aus Eigeninteresse dafür sorgen, daß genügend große Wildbestände vorhanden sind, die eine (nachhaltige) Bejagung gewährleisten.

Das Sammeln von Trophäen ist der Menschheit sozusagen in die Wiege gelegt worden, und mit Sicherheit war es ein außergewöhnlich kapitaler Auerochs oder Wisentschädel, den sich unsere Vorfahren in grauer Urzeit an ihre Behausung hingen. Einen besonders starken Kopfschmuck tragen meistens ältere männliche Stücke, die besondere Stärke und Erfahrung auszeichnet. Ihre Erlegung setzt in der Regel besonderes jagdliches Können voraus.

Eine Waffe zur Hand zu nehmen, auszuziehen, um Beute zu machen, kann verschiedenen Motiven entspringen. Für einen passionierten Jäger ist es die schönste und natürlichste Betätigung überhaupt. Der Ballistiker wird sich speziell für die Wirkung seines Geschosses interessieren, den Hundemann reizt die Arbeit seines vierläufigen Helfers, der gehetzte Stadtmensch wird besonders vom stillen Sommermorgen in Gottes freier Natur begeistert sein, der von Trophäen faszinierte Jäger wird vordringlich auf das achten, was später als bleibende Erinnerung seine Wand schmücken könnte.

Um eine möglichst kapitale Trophäe zu erringen, ist ihm kein Weg zu weit. Er scheut weder Mühen noch Kosten, nimmt Entbehrungen auf sich, steigt auf die höchsten Berge, durchwatet verseuchte Flüsse und Sümpfe, läßt sich von der Sonne verbrennen oder vom grimmigen Frost „beißen". Er setzt häufig genug seine Gesundheit aufs Spiel, ja, er riskiert dafür manches Mal sogar sein Leben.

Es liegt mir fern, diese Besessenheit zu glorifizieren, doch es ist nicht so, wie von vielen Antijägern behauptet wird, daß es dem Trophäenjäger nur darum ginge, mit seiner Beute zu protzen. Alle wirklichen Jäger wollen hauptsächlich jagen, je natürlicher und ursprünglicher desto lieber.

In den nachfolgenden Geschichten wende ich mich in erster Linie an Gleichgesinnte, denn diesen wird es nicht schwerfallen, mitzuerleben und nachzuempfinden. Dabei bringt es diese Form der Erzählung zwangsläufig mit sich, daß neben der Beute meist der Erleger, also die eigene Person im Vordergrund steht. Doch ich halte mich selbst keinesfalls für einen überdurchschnittlich begabten Jäger. Ein disziplinierterer Mensch als ich es bin, hätte bei den gebotenen Möglichkeiten, die mir zur Verfügung standen, weitaus bessere Resultate erzielt.

Diese Zeilen sind nicht in seeliger Rückerinnerung an vergangene Zeiten geschrieben. Ich stehe noch mittendrin im heutigen Jagdgeschehen, noch immer getrieben von der Hoffnung, mit kapitaler Beute heimzukommen.

Mein Trophäenfieber ist deshalb noch lange nicht erloschen, und während Sie dies hier lesen, bin ich selbst vielleicht in den grünen Hügeln Afrikas, den Weiten Australiens oder auf Russlands Bergen hinter einer ersehnten Trophäe her. Der Reiz des Anderen, des Schwierigen, die Lust, sich mit neuen Herausforderungen zu messen und Neues kennenzulernen, sie ist ungebrochen.

Shaitani

Wenn Sie die Karte des Serengeti-Nationalparkes im Nordwesten Tansanias betrachten, wird Ihnen auffallen, daß die Parkgrenze nach Westen hin einen großen Knick macht und ein Gebiet offen läßt. Diese Öffnung ist eine Konzession des Staates Tansania an den kleinen Stamm der „Wa-Ikoma". Höchstens siebenhundert Köpfe umfassend, verteilen sie sich auf die Orte Mogumu, Rowanda und Ikoma. Offiziell gelten sie als bodenständige Hirten, in Wirklichkeit aber lebt dieser Stamm von der Wilderei. Ikoma hatte viel Wild, außerdem zogen im halbjährigen Turnus die schier unermeßlichen Wildherden der Serengeti in dieses Gebiet.

Sechs Jahre lang war Ikoma meine Heimat. Später, als die Auseinandersetzungen mit Uganda aufkamen, wurde Ikoma Armee-Stützpunkt und verlor seinen Ruf als führendes Jagdgebiet. Doch zu meiner Zeit war Ikoma schlichtweg das Paradies auf Jägererden. Vor allem in Hinblick auf Löwen, Büffel und die meisten Savannen-Antilopenarten. Aus den vielen Erlebnissen ist mir besonders lebhaft die Auseinandersetzung mit Shaitani, dem schwarzen Teufel, in Erinnerung geblieben.

Eines Tages, ich wollte in eine Buschpartie am Grumeti-Fluß einbiegen, trommelte Mogabo, der lokale Gentleman-Wilderer, aufgeregt aufs Wagendach. Ich stoppte mein Fahrzeug und nahm an, er hätte etwas Besonderes entdeckt, doch er sagte nur: „Hapana iko Bwana, matchaka imbaya sana."

Amüsiert wollte ich von ihm wissen, was denn hier an diesem Busch besonders schlecht sei. „Hier drinnen wohnt der Shaitani, der große Mörderbüffel." Da mich Büffel stets besonders interessiert haben, wollte ich Genaueres von ihm wissen, doch Mogabo war nicht bereit, mir eine vernünftige Antwort zu geben. Er ließ seinen „afrikanischen Vorhang" herunter, und dann war nichts Brauchbares mehr aus ihm herauszuholen. So fuhr ich weiter.

Doch am selben Abend spendierte ich Mogabo ein Bier und begann, ihn über den sagenhaften Shaitani auszufragen. Nur unwillig gab er mir Antwort. Allen Ernstes behauptete er, dieser Büffel sei mit dem Teufel im Bunde und hätte im Laufe der Jahre vier Menschen getötet. Das Wildhegeamt hätte zweimal eine großangelegte Kontrolljagd auf ihn gemacht, ohne ihn zu bekommen. „Du wirst das fünfte Opfer sein, wenn du dich mit ihm einläßt!"

Pirsch auf Kaffernbüffel – höchste Aufmerksamkeit

Ein „Altherren-Club" an der Wasserstelle

Auslage und Curl verheißen einen reifen Büffel

Idealbüffel mit Mwangangi

Die beiden Büffel aus den Hügeln

Imponierender Anblick: kapitaler Büffel steigt aus der Suhle

Verständlicherweise war ich an diesem Mörderbüffel nach diesem Bericht besonders interessiert und wollte Genaueres wissen. Mogabo berichtete:

„Sein erstes Opfer war der Fährtensucher Elias. Der arbeitete für den Bwana Mafuta. Ich glaube, sie hatten den Shaitani angeschweißt, waren ihm in den Busch nachgegangen, als er plötzlich von der Seite kam. Elias wurde in die Luft geschleudert, und den großen weißen Jäger, den Bwana Mafuta überrannte er. Elias starb an diesem einzigen Stoß, und der Weiße lebt in der großen Stadt in Kenia. Wie man mir erzählte, kann er nur noch mit Hilfe eines Stockes gehen, jedenfalls ist er nie wieder hierher zurückgekommen.

Der Zweite, den der Shaitani umbrachte, war Karanja. Der kam auch aus dieser Stadt in Kenia, wußte alles besser und hörte nicht auf unsere Warnungen. Er berichtete seinem Bwana von diesem Büffel mit den großen Hörnern, und der wollte ihn daraufhin unbedingt schießen.

Am frühen Morgen zogen sie los. Sie trafen auch mit ihm zusammen und schossen auf ihn, doch ich glaube, sie haben ihn überhaupt nicht getroffen. Als sie in den Busch hineingingen, um nachzusehen, ob sie ihn erwischt hatten, kam der Shaitani blitzschnell. Der Weiße aus der Stadt konnte nicht schießen, weil Karanja, das Großmaul, direkt vor seiner Bunduki stand, und so erwischte der Satan den Karanja. Er spießte ihn mit seinem Horn auf, schwang ihn hin und her und schlug ihn gegen einen Baum, bis er tot war.

Sein drittes Opfer war mein eigener Bruder Selengai. Der hatte dem Shaitani überhaupt nichts getan, wollte nur seine weggelaufenen Ziegen suchen und wurde ohne jeden Grund von dem schwarzen Teufel angegriffen. Wie es passiert ist, weiß niemand, denn mein Bruder war allein unterwegs.

Doch ich habe nachher seine Leiche geborgen, oder vielmehr das, was noch von ihm übriggeblieben war. Selengai muß sich im letzten Moment auf den Boden geworfen haben, doch der Shaitani hat ihn nicht nur mit seinem Helm zerdrückt, sondern auch mit den Vorderläufen fast zu Brei gestampft. Es war scheußlich.

Sein letztes Opfer schließlich war ein Wahindi oder Pakistani mit Namen Abdul. Der hatte in Musoma ein Geschäft, kam des öfteren hierher, meist am Wochenende, um Zebras zu schießen oder anderes Wild, das sich zu Geld machen ließ. Nachdem er den Shaitani gesehen hatte, wollte er unbedingt diese gewaltigen Hörner haben, vermutlich um sie für viele Shillingis einem dummen Weißen zu verhökern.

Er wollte den Büffel überraschen, doch bevor er überhaupt schießen konnte, war der Shaitani schon bei ihm, hat ihn in die Luft geworfen und dann einfach mit gebrochenem Rückgrat liegen lassen. So schilderte es uns jedenfalls sein Helfer, und so hat es auch der Bwana Serekali von der Verwaltung in Mwanza auf sein weißes Papier geschrieben, als er den Fall untersuchte.

Und jetzt willst du dich mit dem schwarzen Satan einlassen und dich von ihm umbringen lassen. Das will ich verhindern. Du bist hergekommen und nicht wieder weggefahren. Du lebst mit uns, bringst uns viel Nyama, so daß unsere Töpfe stets voll sind und manchmal, selten genug, kriegen wir auch von dem Pombe hier," beendete das alte Schlitzohr seinen Bericht.

Doch da blieben einige Ungereimtheiten, und ich wollte von Mogabo wissen, weshalb denn vom Wildhegeamt nicht intensiv nach diesem Schadbüffel gesucht worden sei, nachdem ihm vier Menschen zum Opfer gefallen waren.

Er berichtete, die Wildhüter seien einige Male wegen des Shaitani dagewesen, hätten auch einige alte Büffelbullen geschossen und jedesmal erklärt, jetzt wäre der Satan tot. Doch Mogabo schwor Stein und Bein, daß dieser Büffel noch lebe. Erst vorige Woche habe er ihn mit eigenen Augen gesehen.

Sein eindringlicher Rat lautete: „Vergiß diesen Mörderbüffel, laß dich nicht mit ihm ein, denn er wird auch dich töten, obwohl du schon sehr viele Büffel geschossen hast und deine Bunduki einen lauten Knall hat und mzuri sana ist. Dieses Tier ist mit dem Teufel im Bunde, und niemand kann ihn töten, auch du nicht. Gib mir statt dessen noch eine neue Flasche und sprich nicht mehr von ihm."

Dieser sogenannte Shaitani interessierte mich immer mehr, obwohl ich der festen Überzeugung war, daß es sich bei den vier Unfällen nicht um ein und denselben Büffel handelte. Jene vier Menschen waren über einen Zeitraum von zehn Jahren ums Leben gekommen, und so lange würde sich der alte Einzelgänger nicht dort halten können.

Bei einer Lebenserwartung von maximal 22 Jahren sind die Bullen in ihren letzten Jahren am lauten Herdenleben nicht mehr interessiert und setzen sich allein oder mit Gleichgesinnten ab. Meist in solche ungestörte Ecken in denen auch jener sagenhafte Büffel der Wa-Ikomas sich begeben hatte. Dies war nämlich das ideale Rückzugsgebiet für einen alten Einzelgängerbullen.

Als ich mich mit seinem Biotop näher befaßte, wurde mir klar, weshalb dort ein Büffel weitaus eher angreifen würde als anderswo, denn nur zu einer Seite bestand eine echte Fluchtmöglichkeit. Zumindest war das Verlassen dieser Gegend für einen alten Griesgram beschwerlich.

Nach Norden lag ein steiler Hügel mit schmalen Wechseln. Im Süden wand sich der Grumeti-Fluß, dessen Uferbank schwer zu erklimmen war, und nach Osten hatte der Regen jahrhundertelang tiefe Gräben in den Boden eingeschnitten. Nur von Westen her kam man leicht in diesen Einstand hinein.

Die Beschaffenheit dieses Geländes zwang einen griesgrämigen Einzelgängerbüffel dazu, den Spieß umzudrehen und Störenfriede anzugreifen, anstatt eine beschwerliche Flucht zu unternehmen. Hinzu kam noch, daß es sich an den Lagerfeuern der Wa-Ikomas herumgesprochen hatte, wie gefährlich dieser Platz sei und daß man gut daran tat, ihn zu meiden. So war es nicht verwunderlich, daß es alte Büffel in diesen ungestörten Einstand zog.

Ich kannte die Macht des Aberglaubens zur Genüge. Deshalb hatte es wenig Sinn, mit Mogabo über die Wahrscheinlichkeit zu diskutieren, daß es sich bei den Unfällen, die ich nicht anzweifelte, da sie ja aktenkundig waren, um verschiedene Büffel gehandelt hatte. Ich jedenfalls wollte diesen Büffel erlegen, nachdem mir Mogabo von den riesigen Ausmaßen seiner Hörner vorgeschwärmt hatte.

Doch erst einmal war ich noch mit Gästesafaris beschäftigt. Als mir aber einige freie Tage zur Verfügung standen, bereitete ich sogleich diese Jagd vor. Mogabo weigerte sich hartnäckig, mich zu begleiten. So nahm ich neben meinem treuen Mwangangi noch Hadschi und den einheimischen Sebastian mit.

Der frühe Morgen sah uns in Shaitanis Einstandsgebiet, allerdings ohne Erfolg, so sehr wir auch nach ihm suchten. Vom schwarzen Teufel war kein Haar zu sehen. Wir suchten gewissenhaft die ganze Gegend ab. Auch am Nachmittag brachte unser Herumpirschen keinen Erfolg. Herden von Impalas, einige Buschböcke, Grauducker, muntere Dik-Dik, einige mittlere Warzenschweine sowie zwei weibliche Wasserböcke blieben neben den allgegenwärtigen Gnus und Zebras alles, was wir in Anblick bekamen.

Nach der Rückkehr in unser Camp sprach ich mit Mogabo darüber. Er meinte, daß der Büffel wahrscheinlich unten am Grumetifluß sein würde. Man spürte, es war ihm nicht recht, daß ich unbedingt diesen Shaitani haben wollte. Immerhin gab er mir noch einen weiteren nützlichen Hinweis mit den Worten: „Was ich vergessen hatte, dir zu sagen, er schont den rechten Hinterlauf. Außerdem ist er eher grau, da er – wie so viele alte Büffelbullen – kaum noch Haare hat.

An diesen beiden Merkmalen erkennst du ihn sofort, abgesehen davon, daß seine Hörner größer sind als bei jedem anderen Büffel, den ich bis heute gesehen habe."

Es war noch dunkel, als der Geländewagen am nächsten Morgen die steile Uferböschung des Grumeti erklomm. Mit dem ersten Morgenlicht pirschten wir vorsichtig im trockenen Flußbett gegen den Wind – begleitet vom heiseren Gebell der Paviane und dem gelegentlichen kurzen, rehbockähnlichen Schrecken eines Buschbockes.

Da! Vor uns eine Bewegung, ein einzelner Büffel. Das Glas zeigt mir im Gegenlicht einen alten, starken Büffel, der schwerfällig die Uferböschung erklimmt. Ja, er schont auch einen Hinterlauf. Klar hebt er sich auf höchstens 60 Meter gegen den hellen Morgenhimmel ab. Schnell habe ich die .458 entsichert, auf der Schulter von Hadschi angestrichen, und als der Büffel sein volles Blatt zeigt, bricht der Schuß. Ruckartig zeichnet der Bulle und stürmt davon.

Da wir tiefer im Flußbett stehen, können wir seinen Fluchtweg nicht weit verfolgen, an einen zweiten Schuß war keinesfalls zu denken, so schnell ist alles gegangen. Doch wir hören es im Busch krachen, und kurze Zeit darauf dringt der schaurig-urige Todesgesang des Mörderbüffels in die Morgenstille. Das war unerwartet schnell und glatt gegangen.

Eine ekstatische Freude hat meine Begleiter gepackt. Vor allem Sebastian, der ja dort lebt, kann es gar nicht fassen, daß der Satansbulle verendet ist. Er springt vor Freude wie ein Gummiball auf und ab, wobei er immer wieder ausruft: „Shaitani amekufa, Shaitani amekufa. Der Teufel ist tot, der Teufel ist tot."

Ich muß die drei zurückhalten, sonst wären sie sofort in den immer noch dämmerigen Busch gelaufen. Wir warten noch einige Minuten und gehen dann zum Anschuß. Tiefe Eingriffe und kurz vor der ersten Buschpartie gut sichtbarer Lungenschweiß weisen uns den Weg. Etwa 100 Schritte weiter finden wir ihn dann, auf seiner letzten Flucht gefällt.

Haarlos und grau war er wohl, doch mit Enttäuschung stellte ich fest, daß sein Gehörn überhaupt nichts Besonderes darstellte.

Mogabo hatte mal wieder maßlos übertrieben. Trotzdem war die Freude über die unkomplizierte Erlegung diese Schadbüffels groß. Wir schüttelten uns die Hände, klopften uns auf die Schulter und fühlten uns alle drei als große Könner, denn immerhin lag der berüchtigte Shaitani vor uns. Die Größe seiner Hörner war ja nur für mich, den einzigen Europäer, von Bedeutung.

Wir diskutierten noch über den Sitz der Kugel und über die gute Wirkung des Geschosses. Während meine Helfer dann das Haupt abtrennten, hatte ich Zeit, die Welt um mich herum zu genießen. Die Vögel jubilierten den noch jungen Tag herbei, kleine Täubchen flogen zur Tränke am Fluß, und am gegenüberliegenden Hang zog ein großes Impala-Rudel zur Morgenäsung. Nach einem solchen Erlebnis ist man ja besonders aufnahmebereit für all das Schöne um einen herum.

Das schwere Büffelhaupt wollten wir keinesfalls all den Windungen des Flusses folgend, zum Wagen zurückschleppen, sondern eine Abkürzung durch den Busch nehmen. Da wir nicht mehr jagten, unterhielt ich mich laut mit Mwangangi. Hinter uns schleppten Hadschi und Sebastian das Haupt des alten Bullen. Der Busch wurde immer dichter und das Durchkommen immer schwieriger. Andauernd hing ich mit meiner Jacke in den Dornen fest. Tschö, tschö warnten vor uns einige Zeckvögel. Mwangangi war stehengeblieben und meinte: „Labda Kifaru, labda Mbogo", vielleicht ein Nashorn, vielleicht aber auch ein Büffel.

Ganz habe ich mich noch nicht aus der letzten Dornenumklammerung befreit, als der Busch vor uns zu explodieren scheint und mit einem kurzen, trockenen Angriffslaut eine grau-schwarze Masse auf uns zugeflogen kommt. Mwangangi hechtet an mir vorbei und reißt mich dabei von den Beinen. Am Boden liegend, sehe ich einen riesigen Büffel an mir vorbeistürmen. Das nächste, was ich wahrnehme, ist Sebastian, der wie einen Trampolinspringer hoch durch die Luft fliegt.

Noch im Knien habe ich die Waffe im Anschlag und richte sie sofort auf das schwarze Ungeheuer, das mit seiner Hornwehr den unter sich liegenden Sebastian bearbeitet. Ich schieße ohne Zögern auf den wulstigen Nackenhöcker. Blitzartig bricht der Büffel zusammen. Im gleichen Augenblick schreit Sebastian laut auf, so daß ich schon glaube, ich hätte auch ihn getroffen. Daß ich noch einmal auf den Bullen geschossen habe, merke ich erst, als ich meine Waffe nachlade.

Mit vor Angst verzerrtem Gesicht kam zuerst Hadschi aus dem Busch gekrochen. Gemeinsam drehten wir den bewußtlosen Sebastian auf die Seite. Seine Kleider waren zerrissen, eine stark blutende Wunde am Oberschenkel ließ den blanken Knochen durchschimmern. Ein entsetzliches Bild. Ich rief nach Mwangangi, der rechts hinter uns aus dem Busch wimmernd Antwort gab. Auf allen Vieren kam er angekrochen. Auch er war verletzt.

Doch unsere vordringliche Sorge galt Sebastian, der jetzt schnell Hilfe brauchte. Ich schnitt ihm die Hose auf und sah, daß er eine schwere Verletzung in der Oberschenkel-Beckengegend hatte. Es war aber nicht möglich, die stark blutende Arterie ganz abzubinden. Ohne schnelle ärztliche Hilfe würde er verbluten. Ich schulterte ihn zusammen mit dem unverletzten Hadschi und brachte ihn auf dem schnellsten Wege zum Auto. Mwangangi schleppte sich mühsam hinterher, und wenig später brausten wir zum etwa 20 Kilometer entfernten Sanitätsposten Nata.

Um es kurz zu machen: Sebastian ist durchgekommen. Er hatte einen Oberschenkelbruch und eine Beckenzertrümmerung. Mwangangi war nicht an mir vorbeigesprungen, sondern er wurde von dem Shaitani in den Busch geschleudert. Er trug einen gebrochenen Unterarm, eine Rippenprellung und großflächige Hautabschürfungen davon. Der Büffel war hautnah an mir vorbeigestürmt, hatte mich gestreift und den hinter mir kommenden Sebastian voll erwischt. Ohne Zweifel war dies der wahre Shaitani und nicht der zuvor erlegte Bulle.

Das alles ließ sich aber erst am nächsten Tag rekonstruieren und einwandfrei feststellen. Die verschorfte Decke, der verkrüppelte rechte Hinterlauf, vor allem aber die gewaltigen Ausmaße seines Gehörns waren sichere Beweise. Doch am Unfalltag hielt mich die Sorge um die beiden Verletzten, der Bericht ans Game department und die Unfallschilderung an die zuständige Polizeibehörde in Nata fest.

Als ich am nächsten Tag in Begleitung zweier Wildschutzbeamten an die Unfallstelle zurückkam, hatten die Hyänen ihr Mahl nahezu beendet. Doch die zuvor geschilderten Merkmale gaben Beweise genug, daß ich den Mörderbüffel erlegt hatte. Er lag keine drei Meter neben dem Haupt des zuvor gestreckten Büffels, den Hadschi und Sebastian fallen ließen, als der Shaitani aus dem Dickicht hervorbrach.

Mogabo und Mwangangi beschworen mich, daß Haupt des Shaitani im Busch zurückzulassen. „Wenn du ihn hier ins Camp bringst, dann wird Sebastian sterben, und du selbst wirst vor dem neuen Mond ein toter Mann sein." Da ich wußte, wie stark der Aberglaube die afrikanischen Lebensgewohnheiten beeinflussen kann, willigte ich ein.

Die Hornzier mußte sowieso zunächst als Beweisstück zum Wildhegeamt nach Arusha gesandt werden. Den Beamten aber hatte ich zuvor schon gesagt, daß ich diese Trophäe auf jeden Fall zurückhaben wollte, was mir auch versprochen wurde. Ich hätte nach einem solchen Erlebnis dieses Gehörn in jedem Falle behalten, selbst wenn es sich dabei um einen lausig-schwachen Kopfschmuck gehandelt hätte.

Doch der Shaitani trug eine hochkapitale Hornzier mit einer Auslage von 130 Zentimetern. An meiner Trophäenwand kann er keinem Menschen mehr gefährlich werden, erinnert mich aber stets lebhaft an diese aufregenden Minuten im Busch.

Der Stamm der Wa-Ikoma feierte die Erlegung des Shaitani länger als eine Woche. Für viele Afrikaner war ich von diesem Tag an der Mann, der diesen Stamm vom sagenhaften Mörderbüffel befreit hatte. Etwa sechs Wochen nach diesem Erlebnis kam eine offizielle Stammesgesandschaft in mein Camp. Nach der landesüblichen langen Drumherumrederei rückte ihr Sprecher mit dem Wunsch heraus, mich feierlich in den Stamm der Wa-Ikoma aufzunehmen.

Ich Narr fühlte mich daraufhin geehrt und sagte freudig zu. Was ich mir damit aber für die Zukunft alles eingebrockt hatte, das ist eine andere Geschichte…

Der Weltrekord-Elch

Wie die meisten meiner deutschen Waidgenossen, haben es mir die Cerviden angetan. Beginnend beim kleinsten Vertreter, unserem Rehwild, bis hin zum amerikanischen Riesenelch. Meinen ersten Schaufler erlegte ich im kanadischen Yukon Territory. Im darauffolgenden Jahr lernte ich einen Jagdführer aus Alaska kennen. Dick hatte einen Outfit auf der Alaska-Peninsular und wollte unbedingt einmal in Afrika jagen. Wir vereinbarten einen Austausch. Für ihn eine dreiwöchige Jagdsafari in Afrika auf Löwe, Büffel, Warzenschwein sowie die verschiedenen Antilopen und Gazellen. Für mich sollte es dann in Alaska auf Braunbär, Elch und Caribou gehen.

Hüben wie drüben klappte dies reibungslos, und sowohl er als auch ich hatten nicht nur herrliche Erlebnisse, sondern auch starke Trophäen erbeutet. Unsere Freundschaft baute sich weiter aus, so daß ich viele Jahre hindurch jeden Herbst mit einigen meiner Gäste bei ihm erschien, um ihm beim Führen zu helfen und anschließend selbst zu jagen. In jenen Jahren erlegte ich auch einige starke Elche, hielt aber weiterhin Ausschau nach einem außergewöhnlich Kapitalen.

An einem Abend kam Dick von einem Rundflug zurück, tat sehr geheimnisvoll und rückte schließlich mit der Nachricht heraus, daß er kurz vor Dunkelheit in einem kleinen Wäldchen den Elch aller Elche gesehen hätte. Ein Riese unter den Riesen. Über 75 Inches würde die Auslage seiner enormen Schaufeln mit Sicherheit betragen.

„Das, was dieser Elch auf dem Kopfe trägt, ist keine Trophäe, das ist schon eher ein Monstrum, den mußt du dir morgen früh im ersten Morgenlicht unbedingt sichern", meinte Dick. „Dies muß ein neuer Weltrekord sein, und ich wette eine Kiste vom allerfeinsten Bourbon, wenn er nicht mindestens eine Auslage von 75 Inches hat."

Dick war ganz aus dem Häuschen. Und ich sagte mir, wenn er, der sein ganzes Leben hier unter den größten Elchen der Welt verbracht hat, nicht weiß, wie ein Kapitalelch aussieht, wer denn sonst? Wir besprachen, wie wir es am besten machen sollten und beschlossen, im allererersten Tageslicht loszufliegen (dies war damals noch legal), um zeitig am Elch zu sein, bevor dieser weiterziehen würde.

Vor Aufregung konnte ich schlecht einschlafen und wälzte mich, von wilden Träumen geplagt, unruhig in meinem Bett herum. Im

Traum drückten mich riesige Schaufelpaare so fest auf die Erde, daß mir die Lungen barsten. Ich rannte andauernd hinter Elchen her, die ich nicht einholen konnte.

Doch in dem schrecklichsten dieser Träume schoß ich einen Elch, der nach dem Vermessen neuen Weltrekord bedeutet hätte. Sein riesiges Schaufelpaar, daß wir am Flugzeug festgezurrt hatten, war jedoch nach der Landung an der Lodge verschwunden. Wir mußten die Trophäe unterwegs irgendwo verloren haben und konnten sie trotz intensivster Suche nicht wiederfinden.

Endlich war diese unruhige Nacht vorbei. Dick und ich verzichteten sogar auf das Frühstück, tranken im Stehen eine Tasse Kaffee, steckten einige Schokoladenriegel ein und brausten los. Lange zu suchen brauchten wir nicht, denn es lag Schnee, und der dunkle Wildkörper des Elches hob sich deutlich vom hellen Untergrund ab. Aus der Luft sah ich dann zum erstenmal diesen Riesenelch. Weit ragten seine Schaufeln zu beiden Seiten seines Körpers heraus. Ja, dieser Elch war wirklich atemberaubend.

Wir suchten einen geeigneten Landeplatz, den wir auch nach einiger Zeit schließlich entdeckten. Nun ging es vor allem darum, unseren Giganten wiederzufinden. Er stand noch immer in jenem Weidengehölz. Wir pirschten ihn vorsichtig bei gutem Wind an. Noch war die Schußbahn nicht frei, und ich wollte so nah am Ziel meiner Wünsche auf keinen Fall einen Fehler machen und diese Traumtrophäe verlieren.

Ohne den Elch aus den Augen zu lassen, trat ich einige Schritte zur Seite, um besseres Schußfeld zu haben, und fiel urplötzlich in ein Loch. Eine größere Erdscholle hatte meinem Gewicht nachgegeben und brach zusammen. Hastig kroch ich nach oben. Dick half mir dabei. Der Elch hatte mein Einbrechen vernommen, neugierig trat er aus dem Weidengestrüpp heraus und äugte seelenruhig zum Grund dieses Lärmes hin.

Es war keine besondere Kunst auf dieses große und gut sichtbare Ziel einen sauberen Blattschuß mit meiner 8 x 68 S anzubringen. Ohne zu zeichnen stürmte der Beschossene einige Fluchten nach vorne, und brach, kurz bevor ich den zweiten Schuß anbringen konnte, zusammen.

Als wir beide voller Erwartung an den Gestreckten herantraten, rissen wir erstaunt die Augen auf, denn vor uns lag ein im Gebäude zwergenhaft kleiner Elch. Er war nicht jung, eher schon über seine besten Jahre hinaus, doch in der Figur zurückgeblieben. Da er allein zog, fehlte aber jeglicher Vergleich.

Hätte er neben einem Artgenossen gestanden, dann wäre uns der Größenunterschied sofort aufgefallen. So hatten uns die im Vergleich zum Körper riesigen Ausmaße seines Schaufelpaares geblendet, die sich beim Nachmessen jedoch als eher mittelmäßig entpuppten. Besonders aus der Luft wirkten sie wie ein magnetischer Blickfang.

Betroffen standen wir vor dem Erlegten. Dick war sichtlich niedergeschlagen und suchte nach entschuldigenden Worten. Doch da gab es nicht viel zu sagen. Die Erklärung lag vor uns im Schnee.

Im Gegensatz zu meinem Freund war ich nicht enttäuscht, höchstens überrascht. Ich sagte mir nur: So ist die Jagd, immer wieder hält sie Überraschungen für uns bereit, und selbst dann, wenn wir uns ganz sicher glauben, bringt sie etwas Neues. Aber macht nicht gerade das ihre Faszination aus...

Rehböcke, die zu Gemsen wurden

Mein ganzes Leben lang werden mich die Gehörne unseres kleinsten Cerviden faszinieren, denn keine andere Trophäe ist so vielseitig und individuell wie die unseres Rehbockes. Kein Wunder, daß ich wieder einmal eine Jagdreise auf starke Böcke plante. Diesmal sollte es nach Jugoslawien gehen, vermutlich weil ich gerade „Birschen und Böcke" von Friedrich v. Gagern gelesen hatte.

Ich setzte mich mit einigen Anbietern in Verbindung. Ein Agent hatte Verträge mit diversen Forstverwaltungen im tiefen Süden, und ich entschied mich für das Revier Jablanica bei Mostar in der Herzegovina. Ich wollte die Brunft nutzen, und einmal dort jagen, wo die Böcke noch nicht „verblattet" waren und gut springen würden.

Leider wurde ich im letzten Moment noch aufgehalten, und so traf ich mit einiger Verspätung erst am 1. August im Revier ein. Die Blattzeit sollte noch voll im Gange sein, doch ich bevorzuge die Tage vom 23. Juli bis zum 1. August, da ich schon oft die Erfahrung gemacht hatte, daß die Böcke im August zu faul und abgebrunftet sind, nicht mehr so viel herumsuchen und auch schlechter auf den Ruf reagieren.

In Jablanica angekommen, stellte sich schnell heraus, daß die Rehwildpopulation eher dünn und die Trophäen nicht so gut wie erhofft zu sein schienen. Dafür gab es auf den umliegenden Bergen einen qualitativ ausgezeichneten Gamsbestand.

Für die Bockjagd stand im Wald ein Jagdhaus zur Verfügung. Für die Gamsjagd allerdings – die ich zwar nicht geplant hatte, mich aber nach Kenntnis des Biotops und nach Anblick einiger kapitaler Gamskrucken aus den letzten Jahren sehr interessierte – würde es keine Unterkunft in der Nähe geben. Zu dieser Jahreszeit waren alle Gamsen auf den höchsten Graten. Dort, wo es – zumindest in der Nacht – stärker abkühlt.

Zuerst ging ich auf die gebuchte Bockjagd und hatte auch Waidmannsheil: Ich erlegte zwei Sechser mit zwar gut vereckten Gehörnen, leider aber kaum geperlt und außerdem hellbraun in der Farbe. So stand mein Entschluß fest, und aus der Rehbockjagd wurde im Handumdrehen eine Gamsjagd.

Als erstes aber mußte unbedingt das Problem meiner Unterkunft geklärt werden. Ich sagte dem Oberförster, daß dies für mich von untergeordneter Bedeutung wäre und es mir mehr darauf ankäme, daß ich nahe den Gamseinständen übernachten könnte, wenn notwendig, halt in einer Almhütte. Er hatte allerlei Einwände: Es könnte ein Gewitter geben, und ich würde naß werden, und es sei doch viel zu unbequem, außerdem gäbe es Bären auf den Bergen und diese wären jetzt in der heißesten Jahreszeit besonders in der Nacht aktiv.

Es kostete mich all meiner Überredungskunst, bis er kopfschüttelnd akzeptierte. Für ihn war es unvorstellbar, daß so ein total verrückter Jagdgast zwei Wochen lang Tag und Nacht oben auf den höchsten Bergspitzen der Herzegowina nichts anderes als Gamsjagern wollte und keinerlei Wert auf Komfort legte.

Nach eingehender Besprechung mit dem Revierjäger, der mich führen sollte, wurde folgender Plan ausgeheckt: Wir würden in einer Höhle oben in den Bergen auf Luftmatratzen nächtigen. Außer Quellwasser und etwas Feuerholz gab es da droben nichts für den menschlichen Gebrauch Nutzbares. Deshalb sollte alle zwei bis drei Tage ein Bote aus dem Tal mit einem Packpferd hinaufkommen, um uns mit den notwendigsten Lebensmitteln, meist in Form von Konserven, zu versorgen. Das erlegte Wild würde er bei der Gelegenheit hinab ins Tal transportieren.

Ich sah keinerlei Hindernisse und wäre am liebsten sofort aufgebrochen. Der Forstamtsleiter machte aber kein Hehl aus seiner Abneigung gegen meinen Plan, zwei Wochen lang dort oben, abgeschnitten von allen Segnungen der Zivilisation, leben und jagen zu wollen. Er war davon überzeugt, daß ich diese primitive Art zu jagen nach wenigen Tagen aufgeben würde und sicherte mir zu, die Jagdhütte vorsichtshalber für mich freihalten zu wollen. Ich könnte gern zurückkommen, wenn ich „die Nase voll hätte".

Außerdem telefonierte er mit seiner Hauptverwaltung in Belgrad und erhielt von dort offensichtlich einige Anweisungen, denn kurz vor meinem Aufstieg in die Berge kam er mit einem Schriftstück, das er mit Hilfe des Dolmetschers aufgesetzt hatte. Darin hieß es, daß ich diese Art der Jagd, einschließlich der nicht vorhandenen Unterkunft, auf meinen eigenen Wunsch und auf eigenes Risiko gewählt hätte und auf ein gut eingerichtetes Jagdhaus mit Elektrizität, fließendem Kalt- und Warmwasser, geregelten Mahlzeiten und so weiter verzichten würde. Ich unterschrieb ohne zu zögern, und wir stiegen in die Berge.

Die folgenden zwei Wochen wurden zu den abwechslungsreichsten meiner bisherigen Jagdreisen, denn es verging kein Tag ohne Besonderheiten. Hatte der Forstmeister Bedenken hinsichtlich der Bequemlichkeit oder mangelnden Komforts, dann war dies in der Tat unser kleinstes Problem, lebten wir doch ganz gut von den heraufgesandten Konserven und den frisch gebratenen Gamslebern. Auch das klare Quellwasser schmeckte. Und wenn wir mit Einbruch der Dunkelheit nach einem langen Jagdtag hundemüde zurückkamen, schliefen wir auf unseren Luftmatratzen meist sofort ein, kaum daß wir etwas gegessen hatten. Ich rasierte mich nicht, und das Waschen wurde auf die allernotwendigsten Stellen beschränkt.

Dafür verlief die Jagd für uns einzige Jäger und Menschen auf diesen entlegenen Berghöhen paradiesisch ursprünglich. Vor Tagesanbruch standen wir auf, und nach einem schnellen Kaffee saßen wir auf unserem Ausguckplatz, suchten mit dem Spektiv nach Gamswild und machten Pläne, wie wir auf Schußentfernung herankommen könnten, wenn wir einen starken Bock in Anblick bekamen.

Und wir fanden viele reife Böcke. Dies bedeutete viele anstrengende, doch beglückende Pirschen. Teilweise mußten wir auf die andere Bergseite. Das hieß, daß wir hinunter in den Graben und dann stundenlang wieder hinaufklettern mußten. Tage ohne Diktat von Zeit und Raum, denn der Lauf der Sonne war unsere Uhr, und wir gingen, soweit die Gemsen zogen.

Doch es gab einige unvorhergesehene Probleme. Die Quelle nahe unseres Schlafplatzes muß wohl die einzige Wasserstelle weit und breit gewesen sein, denn sie wurde des nachts von allerlei Getier aufgesucht – vom kleinen Igel über Dachs und Wildschwein bis hin zum Bären. Und es war wohl bisher noch nicht vorgekommen, daß Menschen diesen Platz als Aufenthaltsort gewählt hatten. In der Nacht hörten wir die Tieren oft polternd davonstürmen, wenn sie unseren Wind bekamen. Sofern der Mond das nächtliche Dunkel aufhellte, waren auch Beobachtungen möglich.

Den Höhepunkt bildete die Begegnung mit einer Bärin, die ihre zwei Kleinen zum Wasser führte. Einer der Jungbären näherte sich uns bedrohlich nahe und schnüffelte neugierig herum. Wir rührten uns nicht, was aber ein großer Fehler war, denn plötzlich erschien die Bärenmama. Als sie die menschliche Witterung in die Nase bekam und unsere Nähe spürte, richtete sie sich bedrohlich auf und versperrte dabei mit ihrem Körper den Eingang unserer Schlafstätte.

Gottseidank kam es aber nicht zu einem Angriff. Sie packte sich ihr Baby regelrecht unter den Arm, grollte zweimal tief auf und trollte von dannen. Von dieser Nacht an ließen wir regelmäßig ein Kleidungsstück mit intensive Duftnote vor dem Eingang unserer „Höhle" und genossen von da an ungestörte Nachtruhe.

Eine weitere unangenehme Überraschung bedeutete das Vorhandensein unvorstellbar vieler Schlangen. Die dicken, trägen und hochgiftigen Balkanottern, eine Unterart unserer Kreuzotter, war täglich zu sehen. Ich bin von meinem Leben im tropischen Afrika an den gelegentlichen Anblick von Schlangen gewöhnt, doch noch nirgendwo zuvor waren mir derartig viele dieser Kriechtiere so hautnah begegnet.

Eines Vormittags dösten wir auf einem großen Stein in der Sonne und warteten darauf, daß zwei starke Böcke, die sich in einem Geröllfeld niedergetan hatten, wieder auf die Läufe kämen. Dabei mußte ich wohl kurz eingeschlafen sein. Es war sehr heiß, und ich hatte meine leichte Joppe ausgezogen und neben mich gelegt.

Plötzlich tippte mich mein Jagdführer an und bedeutete mir, daß die zwei Gams aufgestanden und weitergezogen seien. Ich griff hastig nach meiner Jacke, zog sie an und wollte gerade in die rechte Tasche greifen, um mein Taschentuch herauszuziehen, als ich ein deutliches Zischen vernahm und erschrocken mitten in der Bewegung innehielt. Eine dicke, fette Schlange war in die rechte Außentasche meiner Jacke gekrochen und hätte mir sicher in die Hand gebissen, da ihr jede Fluchtmöglichkeit abgeschnitten war. Ich schleuderte den ungebetenen Gast aus meiner Joppe heraus.

Als ich mich von dem Schreck erholt hatte, schlich ich mit Jossiph näher an die Gemsen heran, um in Schußposition zu kommen. Eine halbe Stunde später stand ich vor einem wahrlich kapitalen Bock. Ich brauchte weder eine Vergleichsmöglichkeit, noch ein Bandmaß, um festzustellen, daß ich einen absoluten König der Balkangemsen erlegt hatte, so hoch ragten die Krucken über sein graues Haupt.

Als wir zwar müde, doch überglücklich ob dieses Hochkapitalen in unserer Höhle ankamen, war unser „Nahrungstransport-Unternehmer" schon einige Stunden dort und hatte ein lustig flackerndes Feuer angezündet. Alle bestellten Dinge hatte er besorgt und mitgebracht. Allerdings wunderte ich mich, daß er anstelle der gewünschten drei Flaschen Wein nur eine einzige mitgebracht hatte. Auf meine diesbezügliche Frage versuchten die beiden Jugoslawen erfolglos mir etwas zu erklären, was ich nicht verstand. Es schien mir auch nicht so wichtig zu sein.

Nach der Erlegung des kapitalen Bockes und dem glücklichen Ausgang des Schlangenerlebnisses befand ich mich verständlicherweise in Hochstimmung. Deshalb trank ich die mitgebrachte

Flasche ziemlich schnell allein aus, da die beiden Einheimischen als gute Mohammedaner keinen Alkohol anrührten.

Ich kann nicht sagen, daß mir der Wein besonders schmeckte, doch ich war derartig aufgedreht, daß mich dies nicht sonderlich störte. Zum Essen kam ich allerdings nicht mehr, denn ein Rausch von unerwarteter Intensität erfaßte mich. Bei Beginn dachte ich noch, „Verdammt noch mal, was war das nur für ein Wein?", doch danach war es mit dem Denken erstmal vorbei.

Am nächsten Tag schleppte ich nicht nur mich, sondern auch einen gewaltigen Kater lustlos auf die Berge. Die Erklärung bekam ich am Schluß meines Jagdaufenthaltes. Als ich bei der abschließenden Besprechung den Dolmetscher fragte, weshalb er an Stelle der georderten drei Flaschen Wein nur eine einzige heraufgesandt habe, antwortete er: „Ich habe einen speziell eingedickten Wein, den man im Verhältnis 1:5 mit Wasser verdünnen muß, wegen der Gewichtsersparnis hinaufgeschickt. Es war auch eine diesbezügliche Erklärung beigelegt."

Jetzt erst wurde mir bewußt, was meine Begleiter mir vergeblich zu erklären versuchten, und weshalb der Wein so eigenartig geschmeckt hatte. Und es wurde mir vor allem klar, weshalb ich einen solchen Mordsrausch davon bekommen hatte, denn vom Alkoholgehalt bedeutete das fünf Flaschen Wein, die ich da innerhalb kurzer Zeit ausgetrunken hatte.

Diese als Rehbockjagd begonnene Jagdreise wurde ein voller Erfolg. Neben zwei Rehböcken lagen schließlich fünf Gamsböcke und zwei Gamsgaißen auf der Strecke. Nur mein fünfjähriger Neffe Jörg im Rheinland, der das Rehwild schon gut, das Gamswild aber überhaupt nicht kannte, meinte, als er die Trophäen sah: „Das sind aber komische Rehböcke die du da in dem 'Jungenslawien' geschossen hast, alles Spießer, alle schwarz, komisch verbogen, und kein einziger von ihnen hat Rosen!"

Mir sollte es recht sein.

Kifaru mkubwa

Jabula, der Vorarbeiter, stellte sich stur. Das war auch keinesfalls verwunderlich, hatte ich ihn doch aus seiner Sicht nicht nur zutiefst beleidigt, sondern außerdem vor den Augen seiner Untergebenen lächerlich gemacht. Doch ich wollte und konnte ihm ganz einfach nicht erlauben, mit seinem altersschwachen Gewehr mit mir in den dichten Busch zu gehen, um dort das „Kifaru mkubwa", jenes riesige Nashorn zu schießen, das seit Monaten die Arbeiter der Ronda-Plantage angriff. Mein Wort galt, denn ich war der „Bwana Game", der vom Wildhegeamt in Nairobi ausgesandte weiße Jäger. Von Jabula war also keinerlei Unterstützung zu erwarten, was diese Jagd betraf.

Wir standen auf einer Anhöhe und schauten hinunter auf den Fluß Tana, der hier oben, am Fuße der Aberdares, aber noch ein kleines Rinnsal bildete. Hier hatte es noch vor einigen Jahren recht viele Nashörner gegeben. Doch als der europäische Vorbesitzer Ronda im Zuge der Afrikanisierung verkaufte und man diese riesige Plantage in viele kleine Parzellen aufgeteilt und an einheimische Familien gegeben hatte, mußten die Nashörner weichen.

Die meisten von ihnen waren in die Buschwälder zurückgewechselt, nur ein großer Bulle wollte das angestammte Recht auf sein Einstandsgebiet nicht so ohne weiteres aufgeben und griff jeden Menschen an, der sich in seine Nähe vorwagte. Es grenzte schon fast an ein Wunder, daß bisher noch niemand dabei ums Leben gekommen war.

Jabula hatte mir auch berichtet, daß er schon zweimal auf den Einsiedler geschossen hätte. Daß er dabei den Bullen verwundet und nur noch angriffslustiger gemacht hatte, war ihm jedoch nicht in den Sinn gekommen. Ich vermutete, daß er mit seinem vorsintflutlichen Schießprügel schon so manches Stück Wild zu Holze geschossen hatte.

Ich aber wollte mich keinesfalls dem Risiko aussetzen, dort unten im dichten Busch von ihm hinterrücks eins aufgebrannt zu bekommen, hatte ich doch gleich zu Anfang meiner Laufbahn eine derartige Erfahrung machen dürfen. „Ndio Bwana mkubwa, dann geh' allein runter in den Busch dort unten. Das Kifaru ist immer dort. Es wird dich sofort angreifen, und du kannst es dann alleine totschießen", meinte er sarkastisch. Die Umstehenden grinsten unsi-

Mächtiges Wild vor uriger Kulisse: alaskanischer Elch

Riesige Schaufeln… aber nur im Verhältnis zum Körper

Rehböcke bildeten in Jugoslawien nur das Vorspiel

Das Höhlendomizil. Ganz links unser „Transportunternehmer"

Ostafrika hat die stärksten Impala-Antilopen

Kapitale Grant-Gazelle vor der Kulisse des Oldonyo Lengai

Simba-Chui
oder der Löwen-Leopard

Auf dem Heimweg von einer langen und anstrengenden Safari besuchte ich meinen Farmerfreund John im Norden Kenias. Sogleich mußte ich mir seine Klagen über einen Schadleoparden anhören, der schlimm unter seinen Ziegen, Schafen und Kälbern aufgeräumt hatte und mit dem mein Freund ganz offensichtlich nicht allein fertig wurde.

John war Jäger aus Notwendigkeit, ohne besondere Jagdpassion, andererseits erfahren und auch erfolgreich, wenn es darum ging, Viehräubern das Handwerk zu legen. Doch in diesem Falle hatten all seine bewährten Methoden versagt. Er berichtete, er hätte im Laufe der letzten Monate eine Löwin, mehrere Hyänen sowie einen mittleren Leoparden geschossen und dabei stets geglaubt, den Täter ausgeschaltet zu haben. Doch das Reißen von Nutztieren habe nicht aufgehört, und nun müsse er zu drastischeren Mitteln greifen. Mit anderen Worten, er würde Gift auslegen.

John wußte ganz genau, daß er mich damit wütend machte, denn nichts ist gemeiner und hinterlistiger als das Auslegen von Gift, zumeist Strychnin, weil dabei unschuldige und nützliche Tiere wie Geier, Adler und unzählige Kleinraubtiere neben vielen anderen Aasfressern vernichtet werden. Deshalb sagte ich ihm meine Mithilfe unter der Bedingung zu, daß er auf Chemie und das Aufstellen von Fallen verzichten würde.

Allerdings konnte ich nicht sogleich bei ihm bleiben, da ich noch eine Kurzsafari zu betreuen hatte. Ich ließ meinen bewährten und speziell auf Leoparden sehr erfahrenen Fährtensucher Mwangangi bei ihm zurück und fuhr weiter nach Nairobi, um meine Gäste am Flugplatz zu treffen. Als ich nach zwei Wochen zurückkam, herrschte gedrückte Stimmung vor. Der Viehräuber trieb noch immer sein Unwesen und hatte weitere Kälber gerissen. John und Mwangangi hatten abwechselnd Tag und Nacht am Luder angesessen, doch in keinem einzigen Falle war der Täter zu seinem Riß zurückgekehrt.

Das Jagdgesetz schrieb vor, daß eine Stunde nach Sonnenuntergang bis eine Stunde vor Sonnenaufgang, also während der Nacht, nicht gejagt werden durfte. Doch da es sich bei diesem Leoparden um einen schlimmen „Schädling" handelte, hatte John vom Wildhegeamt die Erlaubnis bekommen, auch nachts mit Hilfe von Blendscheinwerfern oder anderen Hilfsmitteln zu jagen.

Meinen ansonsten stets fröhlichen Mwangangi erlebte ich völlig niedergeschlagen. Nicht nur, daß er zwei lange Wochen erfolglos auf diese Großkatze gejagt hatte, er betrachtete den Mißerfolg schon fast als persönliche Niederlage. Dazu erzählte er mir noch eine höchst unwahrscheinliche Geschichte. Er berichtete allen Ernstes, es handele sich hier nicht um einen normalen Leoparden, sondern um einen „Simba-Chui", eine Kreuzung zwischen Löwe und Leopard. Ich wußte zwar, daß dies genetisch unmöglich war, ließ ihn jedoch weiter berichten:

Zuerst habe er den Farmarbeitern nicht geglaubt, die immer wieder von einem „Löwenleoparden" sprachen, doch dann hätte er ihn eines Morgens mit eigenen Augen gesehen: ein Löwe mit Leopardenfleckung. Auch die Spur sei die eines Löwen. „Dann haben wir es hier mit einer besonders vorsichtigen Löwin zu tun", lautete meine Analyse. Doch der erfahrene Helfer widersprach entschieden. Er wäre halb Löwe, halb Leopard, voller großer Rosetten, ein Fabelwesen. Mwangangi war felsenfest davon überzeugt, und es hatte keinen Zweck, ihn auf die Unmöglichkeit einer solchen Kreuzung aufmerksam zu machen.

John grinste zu dem ganzen Palaver nur und meinte sarkastisch: „Jetzt ist der große weiße Jäger ja zurück und wird dem Spuk ein baldiges Ende bereiten." Ich war mir keinesfalls sicher, dazu gab es zu viele Ungereimtheiten. Ich ließ mir berichten, wo die Kälber gerissen worden waren, wie weit diese Plätze auseinander lagen, ob man zusätzliche Luder aufgehängt hatte und vieles andere mehr. Mwangangi war eingeschnappt, daß ich seine Version vom Löwenleoparden so mir nichts dir nichts abgetan hatte. Es half nichts, ich mußte mir selbst ein Bild machen.

Der frühe Morgen sah uns auf den Läufen, John und Mwangangi ziemlich verkatert, da die zwei in den beiden letzten Wochen kaum durchgeschlafen hatten, und auch gestern war es ziemlich spät geworden. Sie führten mich zu einer Viehkoppel, auf der das Fabelwesen ein Jungrind geschlagen und über die Umzäunung davongetragen hatte. Das war eindeutig Löwenart. Am Kill hatten John und Mwangangi abwechselnd mit einer starken Lampe drei Nächte lang ergebnislos angesessen.

Am vierten Tag sei frühmorgens ein Hirte gekommen mit der Nachricht, der Viehräuber habe in seiner Gegenwart gerade ein Kalb geschlagen, er sei sicher jetzt noch dort. Doch als die beiden am Riß ankamen, war die Bühne leer. Sie fanden die Spur und gingen ihr nach. Bei dieser Gelegenheit hatte Mwangangi dem sagenhaften

Wildmassen, seinen Weiten, seinem Licht und den enormen Kontrasten. Jagen wollte ich und ein freies Leben führen. Wie frei war ich denn bei dem, was ich jetzt tat? Und während ich so dasaß und meine Stimmung immer tiefer sank, erinnerte ich mich deutlich an das Gesicht meines alten Vaters, als ich ihm eröffnete, ich wolle ins ferne Afrika gehen, um fortan dort zu leben.

Eine längere Diskussion hatte ich erwartet, doch er hatte nur mit dem Kopf genickt und gesagt: „Jeder Mann muß wohl irgendwann seinen eigenen Luftballon aufblasen. Doch wenn er zerplatzt, dann hoffe ich, du erinnerst dich daran, wohin du gehörst." Danach hatten wir nicht wieder darüber gesprochen, und ich war abgereist.

Weshalb fiel mir ausgerechnet all dies hier und jetzt ein? Schwarze Gedanken, die mich sonst höchstens in der Nacht heimsuchten und quälten, gingen mir im Kopf herum, während ich in der strahlenden Sonne saß und um mich herum die Vögel zwitscherten.

War das jetzt nicht Mwokis Pfiff? Ich stand auf und sah meinen Fährtensucher oben auf einem großen Stein stehen und mir zuwinken. Ich kletterte nach oben. Herrlich war der Ausblick von diesem Platz. Mwoki deutete auf eine weitauseinandergezogene Buschpartie und meinte, dort drinnen wäre das Kifaru mkubwa. Einfach und leicht sah es von hier oben aus, doch ich wußte, dort unten drin würde es die Hölle sein. Keine größeren Bäume, kein dicker Stamm der Schutz bieten könnte.

Ich erklärte Mwoki, wie ich mir das Vorgehen dachte, und er nickte zustimmend. Wir umschlugen den Busch, bis wir außer Windes waren und drangen langsam in den Rhinowald vor. Und mit einem Mal waren wir wieder ein Team. Einander vertrauend und aufeinander angewiesen. Ich, erwartend, daß Mwoki mit dem unverdorbenen Naturinstinkt seiner Rasse dieses Nashorn im dichten Busch finden würde, bevor es uns bemerkte, und er, daß ich mit der Zuverlässigkeit des Weißen dem riesigen Tier den Schuß unfehlbar auf die tödliche Stelle setzen würde. Jene Mischung aus afrikanischem Spürsinn und europäischer Disziplin sollte, nein, mußte auch diesmal wieder Sieger bleiben.

Mit jedem Schritt, den wir lautlos im Busch vorankamen, stieg meine Stimmung, und als sich Mwoki einmal nach mir umdrehte, grinste ich ihn an – ohne jeden Grund, ich mußte es ganz einfach tun. Er reagierte darauf nicht und schlich vorsichtig weiter. Wie lange wir in dem Busch herumsuchten, weiß ich nicht mehr, jegliches Zeitgefühl hatte mich verlassen. Die Konzentration richtete sich jeweils auf den nächsten vor mir liegenden markanten Punkt: Mal ein Baumstumpf, dann ein Graben oder ein besonders gefärbter Ast.

Die ganze Zeit stand ich im engen inneren Kontakt zu meinem schwarzen Begleiter. Andauernd sprachen wir miteinander, ohne zu reden. Jede seiner Bewegungen war eine Aussage, und ich antwortete darauf, wenn es mir wichtig erschien. Die Antwort konnte der leicht angehobene Gewehrlauf sein oder mein angewinkelter Ellenbogen, der auf etwas Interessantes deutete.

Plötzlich blieb Mwoki abrupt stehen, und ich wußte, das Rhino befindet sich unmittelbar vor uns im Busch. Ich konnte es weder hören, noch riechen, doch mit jeder Faser meines Körpers spürte ich, der Bulle ist uns nahe.

In diesem Augenblick stoben einige Zeckvögel aufgeregt warnend davon. Der Busch krachte, als das Nashorn aus seinem Lager aufstand. Dürre Äste knackten, als es sich in Richtung der vermeintlichen Störung drehte, zu sehen war jedoch nichts.

Längst war Mwoki lautlos zur Seite geglitten und hatte sich vor mir ganz klein gemacht. Ich kniete im Halbanschlag, als es berstend krachte und ein irrsinnig lautes pfeifendes Schnauben erscholl – als würde gepreßte Luft aus einem Hochdruckballon entweichen. Direkt vor mir öffnete sich der Dickbusch, und ein riesiger überdimensionaler grauer Radiergummi stürmte geradewegs in den Lauf meiner Büchse. Den ersten Schuß mußte ich im Reflex abgegeben haben, doch an den zweiten erinnere ich mich genau: Das Nashorn warf sich nach links, bekam meine zweite Kugel hochblatt und brach laut quiekend wie ein Schwein zusammen. Aus und vorbei.

Ich lud nach und Mwoki grinste breit. Sein schwarzes Gesicht glänzte von den vielen Schweißperlen, die mir erst jetzt auffielen. Wir gingen die wenigen Schritte zum Rhinobullen und bewunderten die riesigen Hörner. In seiner ganzen vorsintflutlichen Häßlichkeit lag er vor uns auf der staubigen roten Erde und rührte sich nicht mehr. Ich spürte überhaupt nichts, weder Freude, noch Trauer, nicht einmal Erleichterung. Nur mein Hals war trocken, ich hatte Durst.

Die prachtvollen Doppelhörner jenes Bullen habe ich erst zwei Jahre später wiedergesehen. Das Gesetz schreibt nämlich vor, daß alle Trophäen die auf einer Kontrolljagd anfallen, keinesfalls dem Erleger zustehen, sondern an das Wildhegeamt zusammen mit einem Bericht abgegeben werden müssen. Doch da ich die Nasenhörner vom Kifaru mkubwa um jeden Preis für meine Trophäensammlung haben wollte, dauerte es so lange, bis endlich mein Freund Jan sie auf der Auktion in Mombasa ersteigerte und mir aushändigen konnte. Heute hängen sie an meiner Trophäenwand.

Und immer wenn mein Blick darauf fällt, höre ich ein gepreßtes lautes Pfeifen und muß an Mwoki, Jabula und an den dichten Busch da oben in Ronda denken.

Die Massaibraut

Als mich das Wildhegeamt von Arusha in Tansania aufforderte, in der vergessenen Ecke des großen Ostafrikanischen Grabens am Lake Eyasi einmal nach dem Rechten zu sehen, nahm ich diesen Auftrag freudig an, wußte ich doch, daß die Gegend um das Yaida Valley eine der rückständigsten und natürlichsten Landstriche Ostafrikas geblieben war. Mit voller Berechtigung konnte man hier von „unerschlossen" sprechen, denn in diesem Gebiet lebt eines der Urvölker Afrikas, die nur auf wenige hundert Köpfe geschätzte Schar der Hatzapi, besser unter dem Namen „Watingula" bekannt.

Sie müssen mit den Buschmännern der weit entfernten Kalahari verwandt sein, denn sie verständigen sich wie diese mit Schnalz- und Zischlauten. Sie hausen als nomadisierende Jäger und Sammler, bauen nichts an, halten keine Tiere und haben es verstanden, jeglicher Zivilisation zu entfliehen, so daß das Wissen über diesen Stamm äußerst begrenzt ist. Weder Schwarz noch Weiß hatte in letzter Zeit Kontakt zu diesen unsteten Wilden.

Aus diesem Grunde wollte mich John, ein junger Forscher aus Kanada, auf diese Erkundigungsreise begleiten. Außerdem war noch Willi, ein deutscher Jagdgast, mit von der Partie. Ich belud meinen Geländewagen nur mit dem Allernotwendigsten für die vorgesehenen zwei Wochen und nahm lediglich drei Schwarze meiner Kernmannschaft mit. Vor Ort wollte ich lieber noch einen lokalen Kundschafter anheuern.

Als wir den letzten straßenähnlichen Pfad verlassen hatten, kamen wir nur sehr langsam voran. Nach stundenlangem Geholper wurde der Busch etwas offener. Plötzlich klopfte Mwangangi aufs Wagendach: Vor uns liefen zwei Männer in panischer Angst davon. Auf den ersten Blick sahen sie wie Massai aus. Dies war nicht unmöglich, denn wir waren mittlerweile in einem Randgebiet ihres Areals angekommen. Ich wollte mit ihnen über den Wildstand dieser Gegend sprechen und versuchte, sie zu überholen, um sie zum Stehen zu bringen. Nach einigen Fehlversuchen gelang es dank des offenen Geländes. Ich stieg aus und ging ihnen allein entgegen.

Als ich klar erkannt hatte, daß es sich um Massai handelte, hob ich die rechte Hand hoch über meinen Kopf, denn dies bedeutet nach ihrem Ritual eine friedliche Absicht. Sie blieben trotzdem in angemessener Entfernung stehen und musterten mich argwöhnisch.

Ich sah, daß es sich um einen jüngeren Moran und einen älteren Krieger, vermutlich einen Loibon handelte. Nach einiger Zeit hatte sich ihr Mißtrauen gelegt, und sie kamen zögernd näher.

Erstaunlicherweie verstanden sie meine in Suaheli gestellten Fragen nicht. Dies war ungewöhnlich, denn in Ostafrika ist diese „lingua franca" die allgemein übliche Umgangsprache, mit der sich die einzelnen Stämme untereinander verständigen. Es handelte sich ganz offensichtlich um völlig wilde Massai. Ich will nicht behaupten, daß sie zuvor noch nie einem Weißen begegnet waren, aber zumindest bei dem Jüngeren hatte ich den Eindruck, daß er einem Europäer noch nie so nah gegenübergestanden hat.

Die beiden hatten sich mit den traditionellen rot-braunen Ockerfarben bemalt und trugen an den Füßen aus Kuhhäuten gefertigte Sandalen. Außer ihrem lose über der Schulter hängenden Lendentuch hatten sie nur noch ihre Speere dabei, deren Tragen normalerweise verboten ist. Ich winkte meinen Abhäuter Selemani heran, der recht gut Maa, die Sprache dieses Stammes, sprach. Nur langsam wich ihre Scheu. Immerhin brachten wir sie soweit, daß sie mit uns langsam, wenn auch noch immer mißtrauisch, auf unseren Wagen zugingen. Die anderen Mitfahrer waren in der Zwischenzeit ausgestiegen, hatten die Verpflegungskisten ausgeladen und im spärlichen Schatten einer Schirmakazie einen Rastplatz vorbereitet.

Zeit ist das Zauberwort in Afrika. Die ließen wir unseren Neuankömmlingen auch, denn ohne weiter auf sie zu achten, packten wir die Verpflegungskisten aus und begannen mit einem typischen Safari-Picknick. Mit offenem Mund und wie Störche auf einem Bein stehend, verfolgten sie jede unserer Tätigkeiten mit neugieriger Aufmerksamkeit. Schließlich rückten sie nahe an uns heran, hockten sich vor uns auf den Boden und beobachteten uns ungeniert.

Wir hatten zu essen begonnen, sie schauten zu. Also gab ich ihnen etwas von unseren Sandwiches ab. Sie nahmen die Brote in die Hand, rochen zuerst daran und stopften sich dann ein Stück davon in den Mund. Doch schon nach wenigen Kaubewegungen spuckten beide das Brot angewidert aus. Eine messing-schimmernde leere Patronenhülse schien für sie weitaus interessanter zu sein. Richtig begeistert waren sie, als ich ihnen gezeigt hatte, wie man auf der leeren Hülse pfeifen konnte. Willi hatte sich eine Zigarette angezündet, was wiederum großes Erstaunen bei unseren beiden Gästen auslöste. Dabei ging es weniger um die Zigarette, als vielmehr um die problemlose Art des Feueranzündens.

Wir gaben ihnen ein Päckchen Streichhölzer. Sie beschäftigten sich damit ausgiebig, zündeten ein Hölzchen nach dem anderen an und gerieten in helle Freude, wenn das Zündholz aufflammte. Sie hörten damit erst auf, als die Schachtel restlos aufgebraucht war. Danach boten wir ihnen eine Zigarette an. Die Wirkung war erstaunlich. Da sie in ihren Manyattas ständig vom Rauch umgeben sind, mußten sie nicht husten, obwohl sie den Zigarettenrauch voll inhalierten.

Erstaunlich war aber die schnelle und überraschende Wirkung des ungewohnten Nikotins, denn schon nach kurzer Zeit präsentierten sich unsere neuen Freunde regelrecht „high". Alle Scheu war verschwunden, sie redeten wie ein Wasserfall auf uns ein, hüpften zwischen uns herum, und der Ältere stimmte einen hohen Singsang an, worauf der Jüngere mit dem Speer in seiner Hand einen Tanz begann. Immer höher wurden seine Sprünge, untermalt von eigentümlich klingenden Kehllauten.

Längst hatten wir vergessen, daß die Mittagspause nur kurz sein sollte, denn das Gebotene war doch zu faszinierend. So plötzlich wie dieser Tanz begonnen hatte, so endete er auch, denn der Tänzer ließ sich einfach auf den Boden fallen, blieb eine Weile liegen, und hockte sich danach wieder neben seinen Gefährten.

Doch die Ruhe währte nicht lange. Mit einem erschrockenen Schrei zeigte er auf Willi, ging ganz nahe an ihn heran und machte uns wild gestikulierend klar, daß er etwas Märchenhaftes entdeckt hatte. Es stellte sich heraus, daß er den Goldzahn von Willi meinte. Wissend verklärte sich sein Gesicht, als er die Patronenhülse hochhob, auf die und den Zahnersatz zeigte und auf seine Entdeckung offensichtlich sehr stolz war.

Da die beiden Massais jetzt keine Scheu mehr vor uns hatten, faßte ich den Älteren an der Schulter und führte ihn zum Auto. Dort ließ ich ihn in den Rückspiegel schauen: Ein kurzer Blick, ein Schrei, und mit einem Satz rückwärts hatte sich unser Held aus der Gefahrenzone gebracht, während meine drei Afrikaner in schallendes Gelächter ausbrachen. Der Belachte war nur nach längerem Zureden von Selemani bereit, sich diesem Teufelsgerät noch einmal zu nähern. Vermutlich hatte er bisher sein Gesicht nur undeutlich in Wasserspiegeln gesehen und erblickte es jetzt zum erstenmal in aller Deutlichkeit.

Sein Mienenspiel werde ich nicht vergessen. Erstaunen paarte sich mit Zweifel. Er schloß zuerst das eine, dann das andere Auge, bohrte seinen Finger in Nase und Ohren, streckte die Zunge heraus und zog daran. Er erlebte ganz offensichtlich hier die größte Sensation seines bisherigen Lebens.

Gerade hatte er sein eigenes Antlitz verkraftet, als sein Gefährte näher kam und ihm über die Schulter schaute. Das war zuviel. Daß er nun auch noch im Spiegel seinen Freund dicht neben seinem Gesicht sehen konnte, ging über sein Begriffsvermögen hinaus, und er rannte einige Schritte weit davon.

Der Neuhinzugekommene aber stand stocksteif, wie gelähmt, und starrte in den Spiegel. Ein Zittern lief über seinen Körper, und er urinierte vor Aufregung. Als der Ältere schließlich wieder zurückkam, waren die zwei nicht mehr vom Spiegel wegzubekommen. Sie standen davor, schnitten Grimassen und studierten ihre Gesichter in höchstem Entzücken.

Ich überlegte mir, in was für einer gegensätzlichen Welt wir leben. Dort standen zwei ausgewachsene Menschen, die noch nie ihr Gesicht genau gesehen hatten, und zur gleichen Zeit kreisten Astronauten um den Erdball und landeten auf dem Mond.

In Afrika gehen die Uhren anders und die Zeit spielt nur eine untergeordnete Rolle. Trotzdem mußten wir dem nicht endenwollenden Spiel der beiden ein Ende bereiten, denn wir wollten weiter. Die erhofften Informationen über das Wildvorkommen fielen recht ungenau aus, weil die Massai an den freilebenden Tieren völlig uninteressiert sind. Höchstens Löwen, als Feinde ihrer Rinder, sowie die den Kühen nahe verwandten Tiere wie Büffel oder Eland finden ihre Beachtung. Menschen gäbe es hier nicht. Auf die Frage, wo ihr Clan leben würde, zeigten sie nach vorn und gaben die Entfernung typisch afrikanisch an: „Wenn man ein klein wenig müde wäre, dann sei es nicht mehr weit."

Willi, immer zu Späßen aufgelegt, ließ den Älteren über Selemani fragen, ob er nicht eine hübsche Tochter habe, und unglücklicherweise übersetzte Selemani diese Frage. Sogleich hockten sich beide Krieger auf die Fersen, und der Ältere begann in einem feierlichen Ton die Vorzüge seiner heiratsfähigen Tochter zu preisen. Selemani beschied uns, wir sollten ihn reden lassen, denn es wäre beleidigend und entehrend, wenn wir den Brautvater durch unqualifizierte Fragen stören würden.

Der geforderte Brautpreis betrug zwölf Kühe und einen fetten Ochsen. Willi bot ihm im Spaß an, daß er gegen Überlassung von Elandfett und einigen Decken die Tochter zuerst einmal bezüglich ihrer Heiratsfähigkeit testen wolle. Ich hätte gegen diesen „Handel" längst ein Veto einlegen müssen, doch ich wollte kein Spielverderber sein und befürchtete auch keine Folgen, da wir ja bald weit entfernt im wilden Yaida Valley sein würden.

So schieden endlich unsere beiden Krieger nach langwierigen Abschiedsprozeduren mit zwei vollen Päckchen Streichhölzern, und wir fuhren weiter. Einige Stunden später stoppten wir an einem Platz, der für die Nacht gut geeignet schien. Und während die Mannschaft ein Fly-Camp, das typische Übergangslager für einen Kurzaufenthalt aufschlug, erstrahlten die Baumwipfel noch einmal warm im goldroten Wunder des afrikanischen Sonnenunterganges.

Die vielfältigen Vogelstimmen setzten zu einem Schlußakkord an, während die letzten Sonnenstrahlen die Spitzen der nahen Kideroberge aufleuchten ließen. Es folgte ein schöner Campabend am hochauflodernden Feuer, mit Gesprächen und Plänen für den nächsten Tag, untermalt von den melodischen Stimmen der Nachtvögel, dem Zirpen der Grillen und dem hohlen Ruf der Hyänen aus der Ferne.

Der frühe Morgen sah uns schon bald wieder unterwegs, und nach langer Fahrt erreichten wir endlich unser Zielgebiet mit der typischen Flora und Fauna des Trockenbusches. Ich fuhr mit Willi jeden Morgen hinaus auf die Jagd, während John meist stundenlang auf einem Hügel saß und mit dem Fernglas die Gegend absuchte in der Hoffnung, etwas von den scheuen Watingulas zu entdecken. Allerdings deutete nirgendwo etwas auf die Anwesenheit oder Nähe von Menschen hin.

Willi hatte schon einiges Wild erlegt, und es mochten etwa fünf bis sechs Tage ins Land gegangen sein, als plötzlich in der gleißenden Mittagshitze eine kleine Gruppe schwerbepackter Esel auftauchte. Wir hielten unsere wohlverdiente Mittagsrast, da wir doch den ganzen Vormittag gepirscht hatten und blinzelten mehr als erstaunt, als wir in der ankommenden Massaigruppe unsere beiden „Freunde" entdeckten.

Sofort dachte ich an die leichtfertig getroffene Vereinbarung, zumal ich eine besonders herausgeputzte Massaischönheit als die vorgesehene Braut für Willi ausmachen konnte. Die fünf Personen mit ihren bepackten Eseln spazierten, begleitet von einem gewaltigen Fliegenschwarm schnurstracks in unser Lager hinein. „Willi, deine Braut ist angekommen", rief ich in das Zelt meines Jagdgastes.

Jetzt hatten wir unseren Spaß, als wir das betroffene Gesicht von Willi sahen. Die Massai-Schöne stand verlegen kichernd herum. Man hatte sie nach Stammessitte reichlich mit ranzigem Fett eingerieben, was auf die vielen Fliegen eine besondere Anziehungskraft ausübte.

50

Die weiteren Mitglieder ihrer Familie gingen ungeniert im Lager herum.

Ich ließ ihnen zuerst einmal Wasser bringen, das verlangte die Gastfreundschaft. Wir konnten den Neuangekommenen ja unmöglich klar machen, daß wir vor einigen Tagen nur gescherzt hatten. Brautgespräche, Verhandlungen und Feilschen über den Brautpreis sind ein fester Bestandteil im Stammesgesetz jedes afrikanischen Naturvolkes, und mir war klar, daß wir uns nicht so einfach herausreden konnten.

Andererseits wußte ich auch, daß Willi nicht im Traum daran dachte, sich mit der fliegenübersäten und alles andere als wohlriechenden Tochter der Wildnis einzulassen. Für einen Massai muß sie eine Augenweide gewesen sein, denn sie war von den Fußknöcheln bis an die Knie, also über ihre ganze Wadenlänge, mit Messingringen eingeschnürt, und viele auf Draht aufgezogene bunte Glasperlen umschlossen ihren Hals. Ihr Kopf war nach Stammessitte kahlgeschoren, mit Fett eingerieben und glänzte wie eine Billiardkugel.

Willi war vor Schreck ganz blaß sofort wieder in seinem Zelt verschwunden, was bei den erwartungsvoll dabeistehenden Massai nicht geringe Verwunderung hervorrief. Doch es mußte etwas geschehen, denn so ohne weiteres zurückschicken ließen sich die von weither Angereisten sicher nicht. Ich wies unsere Gäste an, in einigem Abstand und „unter Wind" ihr Lager aufzuschlagen, und wir drei Weißen hielten eine kurze Beratung ab.

Willi lag auf dem Campbett und erklärte kategorisch, hier würde er bleiben, bis alles vorbei sei. Das brachte John auf den rettenden Gedanken: Willi sollte den Schwerkranken markieren, nur so kämen wir aus der Sache heraus.

Wie vorauszusehen war, erschien nach angemessener Zeit der Brautvater und wollte wissen, weshalb der Bräutigam seine Braut denn nicht sehen wolle. Er machte dabei weder aus seinem Erstaunen noch aus seinem Unbehagen ein Hehl. Nach meinem Hinweis, daß der Bräutigam von einer plötzlichen Krankheit befallen sei, bildeten sich auf seiner Stirn sofort sorgenvolle Falten, denn plötzlich auftretende Krankheiten beunruhigen diesen Volksstamm sehr. So war mit einem Schlage nicht allein unsere, sondern auch seine Welt nicht mehr in Ordnung und bedrückt schlich er zu den Seinen zurück.

Für uns wurde es fortan recht kompliziert, denn Willi mußte das Bett hüten, und das hieß zunächst einmal Jagd passé. Ja, es ging soweit, daß er nicht mal mehr gemeinsam mit uns im Speisezelt seine

Mahlzeiten einnehmen konnte, denn ständig kreiste wenigstens einer der Massai um uns herum. So fuhr ich allein mit John hinaus. Er setzte die Suche nach den Watingulas fort, und ich jagte. Dies war natürlich völlig ungewöhnlich, denn wenn man einen Jagdgast zu führen hat, dann ruht die eigene Jagd normalerweise vollkommen. Doch in diese Situation hatte sich Willi schließlich selbst hineingeschaukelt.

Eines morgens saß ich mit John auf einem Hügel, als wir auf etwa achthundert Meter einen ungewöhnlich starken Kudubullen ausmachten, der in Ostafrika weitaus seltener als im südlichen Afrika anzutreffen ist. Verständlicherweise wollte ich mir diese Chance nicht entgehen lassen und pirschte den Kapitalen an.

Ich fand ihn aber nicht und nahm deshalb an, er wäre inzwischen weitergezogen. Mit Muna, meinem Begleiter, suchte ich nach Fährten, als ich vor mir eine Bewegung im Busch wahrnahm. Es war der Kudu. Er erhielt die Kugel, als er über eine kleine Blöße zog. Als wir an unsere Beute traten, durchzuckte es mich freudig, denn vor uns lag ein wahrer Hochkapitaler. Die Spiralen seines Riesengehörns waren so lang, wie es vor ihm nur wenige seiner Art wohl getragen haben werden. Wir hatten ganz schön zu asten, bis wir dieses große Stück im Geländewagen verstaut hatten.

Langsam fuhr ich in Richtung Camp, als Mwangangi aufs Wagendach klopfte und „Choroa" rief, den Suahelinamen für Oryx. Ich wollte es zunächst nicht glauben, denn es war völlig unbekannt, daß es in dieser Gegend Oryx geben sollte. Er mußte sich geirrt haben. Doch nein, dort stand klar sichtbar in der offene Steppe eine einzelne starke Oryx. Die Erlegung bedeutete kein großes Kunststück.

Als ich vor ihr stand, konnte ich es kaum fassen, daß ich an einem einzigen Vormittag gleich zwei Trophäen der Weltspitzenklasse erlegt hatte, denn nach der Vermessung war mir klar, daß diese Oryx der Unterart callotis stärker war als alle, die ich in den vielen Jahren zuvor gesehen hatte. Unvorstellbar wie launisch die Göttin Diana manchmal ist. Da sucht man jahrelang nach außergewöhnlich starken Trophäen ohne besonderen Erfolg, und plötzlich fallen einem gleich zwei innerhalb kürzester Zeit ohne besondere Mühe in den Schoß.

An den weiteren Tagen geschah nichts Aufregendes mehr. John hatte kein Glück bei der Suche nach seinen Urmenschen, und Willi langweilte sich zu Tode in seinem „Pseudo-Wundbett". Es half nichts, wir mußten unseren Aufenthalt hier abbrechen. Ich ließ also den Brautvater zu mir kommen und teilte ihm mit sorgenvoller Miene mit, daß der Zustand des Bräutigams sich drastisch verschlimmert hätte und wir jetzt schnellstens zum heiligen Ort unserer Väter zurückkehren müßten.

Es blieb ihm nichts anderes übrig, als mir zu glauben. Allerdings fiel unser eiliger Abmarsch für ihn auch lohnend aus, denn wir ließen viele Dinge bei ihm zurück. Besonders freute er sich über die leeren Patronenhülsen, Streichholzschachteln, Konservendosen und zwei zerbeulte Eimer. Auch einige Decken gaben wir ihnen.

Als sich unser schwerbepackter Wagen in Bewegung setzte, winkten die Massais uns dankbar nach. Die beiden jüngeren Krieger liefen noch einige Kilometer hinter dem Fahrzeug her. Es war schade, daß wir aus dieser unberührten Wildnis früher als vorgehabt abreisen mußten, und wir beschlossen, irgendwann noch einmal zurückzukommen. Obwohl sich die Rückfahrt aufgrund der erworbenen Ortskenntnisse schneller abwickelte, mußten wir trotzdem noch einmal ein Nachtlager aufschlagen.

Als wir am Lagerfeuer saßen und uns unseren abendlichen Drink schmecken ließen, wollte Willi nicht mithalten. Auf unsere Nachfragen antwortete er: „Ihr werdet es mir zwar nicht glauben, aber ich fühle mich richtig elend. Es scheint so, als würde ich jetzt tatsächlich krank!"

Die Schuld des Ayatollah

Ich wäre kein richtiger Trophäenjäger, hätte mich das Bergwild Persiens nicht angezogen. Und so saß ich an einem windigen Junitag im Flugzeug nach Teheran.

Wer die persische Hauptstadt schon einmal besucht hat, wird mir beipflichten, daß die Fahrt mit einem einheimischen Taxifahrer vom Flugplatz in die Stadt ein blutdrucksteigerndes Erlebnis ersten Ranges abgibt. Tempolimit gehört mit Sicherheit zu den unbekannten Fremdwörtern dieser wilden Autolenker. Sie steuern ihr Fahrzeug durch das chaotische Verkehrsgewühl mit einer Rücksichtslosigkeit, die sie in den meisten Ländern dieser Erde sofort den Führerschein kosten würde.

Ich bin bestimmt nicht zimperlich, wenn es um Geschwindigkeiten geht, aber nachdem mein Fahrer auf der Strecke vom Flugplatz bis in die Stadt neben einem dürren Hund und zwei Hühnern noch einen Fruchtstand plattgefahren hatte und sich einige Passanten nur durch Zick-Zack-Laufen und tollkühne Sprünge vor diesem Irren hatten retten können, wäre ich liebend gern den Rest des Weges zu Fuß gegangen. Doch neben den Problemen mit dem Gepäck und mangelnder Ortskenntnis sprach gegen diesen Wunsch die Tatsache, daß ich als Fußgänger wahrscheinlich noch mehr gefährdet war, weil alle Autofahrer wie wilde Derwische durch die Gegend rasten.

Ziemlich irritiert, immerhin aber noch am Leben, erreichten wir wunderbarerweise schließlich das gebuchte Hotel. Doch die Hoffnung, sich nun in einem ruhigen Zimmer von den Strapazen der Anreise erholen zu dürfen, erwies sich als Trugschluß: Trotz rechtzeitiger Buchung und telegrafischer Rückbestätigung war angeblich für mich kein Zimmer reserviert. Doch ich wußte aus Erfahrung, daß man im Orient nicht so schnell aufgeben darf. Und wahrhaftig, nach einigen Telefonaten, reichlichem Bakschisch und einem ernsten Gespräch mit dem Hotelmanager gab es plötzlich ein Zimmer für uns.

Obwohl dies ein Hotel der internationalen Luxusklasse sein sollte, herrschte eine Unruhe während der Nacht, die jedem großen Bahnhof zur Ehre gereicht hätte. Das Türenschlagen wollte nicht aufhören, auf den Gängen brühten unzählige Menschen auf mitgebrachten Gaskochern Tee auf und hielten nichtendenwollende Palaver ab.

Nein, in dieser hektischen Stadt fühlte ich mich nicht wohl. Deshalb war ich heilfroh, als nach Erledigung der notwendigen Formalitäten bei Iran-Shikar der mir zugeteilte Jagdführer mit dem Geländewagen vor dem Hotel stand und wir endlich ins Elbursgebirge starteten.

Hätte es den umsichtigen Massih Kia nicht gegeben, dann wäre ich wahrscheinlich noch länger in Teheran aufgehalten worden. So aber brausten wir den persischen Bergen entgegen, zur Jagd auf Rotschaf, Urial und Bezoar. Für den Fall, daß ich auf diese Wildarten schnell Erfolg haben sollte, wollte ich es auch noch auf das Kreishorn- oder Armenische Schaf versuchen.

Schon vor meiner Fahrt ins Elbursgebirge führte der zu reichlich genossene Kefir-Yoghurt zu einer „Aufruhr in den Niederlanden" und stempelte mich für den Rest der Woche zum Großverbraucher von Toilettenpapier.

Im Revier bezogen wir das idyllisch gelegene Jagdhaus und begaben uns unverzüglich auf die Suche nach einem starken Bezoar, auch Persischer Steinbock genannt. Diese standen jetzt im Sommer ganz hoch oben, meist auf Höhen um die 3000 Meter. Zwei Tage kletterten wir in der herrlichen Bergwelt des Elbursgebirges herum, ohne Jagderfolg zu haben. Wir leuchteten mit unseren Gläsern alle Hänge und Schluchten ab, sahen auch einiges Scharwild, hatten sogar den ein oder anderen Kapitalen in Anblick, doch sie hielten sich in vollkommen unzugänglichen Gipfelregionen auf.

Am dritten Tag – inzwischen hatten wir einen Plan geschmiedet, wie es uns gelingen könnte, an die alten Böcke heranzukommen – wechselten wir auf einen anderen Hang und begegneten dabei zwei Bären. Auf den ersten Blick schien es sich um eine Bärin mit ihrem Jungen zu handeln, so gewaltig war der Größenunterschied. Bei genauerem Hinsehen machte das „Jungtier" jedoch einen recht erwachsenen Eindruck, außerdem zeigten die beiden typisches Ranzverhalten. Der männliche Bär war kapital, nahezu dreimal so groß wie seine Partnerin.

Mein Jagdführer wurde ganz aufgeregt und erklärte mir, daß er in den vielen Jahren noch nie einen so riesigen Bären gesehen hätte. Eigentlich stand für Persien gar kein Bär bei mir an, denn schließlich hatte ich in Alaska schon mächtige Kodiaks erlegt. Allerdings bedeutete ein orientalischer Braunbär schon etwas Besonderes. Also mußte ich mich schnell entscheiden, denn die beiden vor uns befanden sich ständig in Bewegung und zogen in Richtung eines tiefen Grabens.

Da ich außerdem nur eine 7-mm-Weatherby-Magnum führte, die zwar ideal für Weitschüsse auf Schafe geeignet war, für einen kapitalen Bären aber eher unterkalibriert schien, mußte mein erster Schuß abgezirkelt im Leben sitzen.

Ich rutschte in eine günstigere Schußposition, und als der Petz mir ruhig die Breitseite zeigte, kam ich genau Blatt ab. Der mächtige Bär quittierte die Kugel mit lautem Aufbrüllen und flüchtete schnell in den vor ihm liegenden Graben. Dann hörten wir nur noch Poltern und Krachen.

Wir konnten seine Flucht und den Fall akustisch genauestens verfolgen, und ich befürchtete, daß sich diese wertvolle Trophäe in einen unbrauchbaren Klumpen verwandeln würde, so steil ging es hinab. Doch als wir voll banger Ahnung den Anschuß erreichten, fanden wir den Bären längst verendet in einem latschenähnlichen Gestrüpp kurz vor einem vielhundert Meter tiefen Abgrund.

Groß war unsere Freude als wir in seine prachtvolle Decke griffen. So riesig hatte ich mir einen persischen Bären nicht vorgestellt. Aber wir vergossen noch viele Schweißtropfen, bis wir ihn mit vereinten Kräften an einen absturzsicheren Platz gezogen hatten, um ihn aus der Decke schlagen zu können.

Die Kugel hatte die Aorta oberhalb des Herzens durchschlagen und den schnellen Tod herbeigeführt. Das, was wir fälschlicherweise für den abgestürzten Bär gehalten hatten, waren herunterpolternde Steine und Geröll gewesen.

Zu gern hätte ich auf diese Kapitaltrophäe abends einige Gläser getrunken, doch wir befanden uns ja in einem streng moslemischen Land, und Alkohol wurde offiziell nirgendwo verkauft.

In den nächsten Tagen intensivierten wir die Steinbockjagd. Dabei fanden wir heraus, daß das Bezoarwild des nachts zur Äsung in die tieferen Berglagen zog, in den frühen Morgenstunden aber schon zeitig in die Hochlagen zurückwechselte. Dort konnte es in Ruhe widerkäuen und war vor den Fliegen sicher. Um frühzeitig hoch oben zu sein, mußten wir den Einstand umschlagen und mit Pferden in der Nacht auf der Rückseite des Berges hochreiten, soweit es das Gelände zuließ.

Am nächsten Morgen quälten wir uns mühselig hinauf. Bei Tagesanbruch sahen wir, daß diese Mühe nicht vergeblich gewesen war, denn schon bald hatten wir zwei einzelne jagdbare Steinböcke in Anblick. Es war zwar weit, aber immerhin möglich, bis dorthin zu schießen. Außerdem bewegten sich die beiden auch noch langsam auf uns zu.

In der imposanten Bergwelt Persiens

Spekulationsarbeit: Auf der Suche nach den hellen Punkten

Ehepaar Jösch mit einem Abschuß-Steinbock

Überraschungsbeute mit ungewöhnlichen Ausmaßen

Diana lächelte: schneller Erfolg bei der Jagd auf Rotschafe

Schwieriges Gelände – Heimat der Steinböcke

Im letzten Moment doch am Ziel der Wünsche

Plötzlich ertönte hinter uns ein Pfiff, und als wir uns erstaunt nach dem Grund dieser Störung umdrehten, sahen wir unseren Pferdeburschen, der uns aufgeregt heranwinkte. Nur ungern ließ ich die beiden Böcke allein. Deshalb kroch mein Jagdführer vorerst allein zurück zu dem Pferdejungen, winkte mich aber nach kurzer Zeit ebenfalls energisch heran. Ich erfuhr, daß unser Helfer einen einzelnen kapitalen Bezoar gesehen hatte, der in eine Steilwand gewechselt war und sich dort niedergetan hatte.

Wir schlichen vorsichtig voran, bis wir einen günstigen Beobachtungsplatz erreicht hatten. Und richtig, nach kurzer Suche mit unseren Gläsern entdeckten wir den alten Steinbock, der auf einem Band in der großen Steilwand ruhte. Ich sah zwar keinerlei Möglichkeit, auf Schußentfernung heranzukommen, konnte mich aber nicht sattsehen an diesem Prachtgehörn. Doch mein Führer entwickelte einen Plan. Der Pferdejunge sollte von der anderen Seite her in die Wand vordringen, den Bock hochmachen und uns zudrücken.

Wie er mir klarmachte, gab es für den Bock nur zwei Möglichkeiten: auf uns zu oder nach unten. In beiden Fällen mußte er uns in Schußentfernung passieren. Allerdings würde es sehr lange dauern, bis unser Helfer auf der anderen Seite des Berges angekommen wäre. Ich hatte meine Bedenken, denn in der Vergangenheit waren ähnliche Versuche beim Gebirgswild stets fehlgeschlagen. Doch ich behielt meine Bedenken für mich und richtete mich auf eine lange Wartezeit ein.

Es dauerte tatsächlich annähernd drei Stunden, bis wir unseren Treiber seitlich über dem Steinbock auf der anderen Seite herankommen sahen. Schon lange zuvor hatte ich meine Waffe in Schußposition gebracht, und als der Bock aufstand und sich mit schwerfällig scheinenden Fluchten nach unten in Bewegung setzte, lag ich, mein Gewehr auf dem Rucksack gebettet, sicher und bequem da und wartete auf meine Chance. Die kam auch, weil der Bock doch des öfteren verhoffte und in Richtung der Störung sicherte. Als er dies wieder einmal tat, brach mein Schuß.

Den Steinbock riß es zusammen, er machte einige taumelnde Fluchten und tat sich nieder. Nach wenigen bangen Minuten sahen wir, daß die Gehörnstangen ins Gras sanken, und wir begannen unseren Abstieg.

In den meisten Fällen wirkt die Trophäe nicht mehr so riesig, wenn man davor steht oder sie in Händen hält, doch in diesem Fall trat diese Ernüchterung nicht ein. Nur im Körperbau schien mir diese

Wildart um einiges schwächer zu sein als die übrigen Steinbockarten. Deshalb wirkte das Gehörn auch überdimensional groß, seine Länge betrug immerhin 133 Zentimeter.

Glücklich und zufrieden mit zwei außergewöhnlichen Kapitaltrophäen, verließen wir das Elbursgebirge und fuhren von Teheran aus nach Osten, um in einem speziellen Areal auf Rotschaf zu jagen. Da dieses Revier einen sehr guten Bestand aufwies, glaubte mein Jagdführer, daß es innerhalb von zwei Tagen gelingen müßte, einen starken Widder zu strecken.

Tatsächlich klappte es sogar schon beim allerersten Gang. Diana war mir noch immer hold. In dieser mit Busch und Gras bestandenen Hügellandschaft ließ es sich weitaus leichter pirschen als oben im Hochgebirge. Außerdem begünstigte uns auch ein beständig wehender Wind.

Wir waren noch keine drei Stunden im Haupteinstandsgebiet der Wildschafe, als wir drei Widder vorhatten, von denen ich den Stärksten schoß. So blieb uns für die geplante Urialjagd noch mehr als eine Woche Zeit.

Wir setzten um ins nordöstliche Grenzgebiet von Persien und übernachteten im einzigen Gasthaus des Distriktes. Dieses Etablissement, das den Namen Hotel nicht verdiente, frequentierten wir allerdings nur zum Übernachten, denn tagsüber bewegten wir uns von den frühen Morgenstunden bis spätabends draußen in den Bergen auf der Suche nach einem starken Urialschaf.

So schnell und beinahe problemlos die vorherigen Unternehmungen verlaufen waren, so schwierig entpuppte sich dieser letzte Akt. Die Berge des Irans verlangten mir nun das Allerletzte ab, ohne daß ich mich einem jagdbaren Urial auch nur auf Schußentfernung nähern konnte. In den gut zu übersehenden kahlen Bergen gab es allerdings genug zu sehen. Auch Urialschafe gehörten täglich dazu. Doch die launische Göttin der Jagd zeigte mir auf einmal die kalte Schulter. Immer wieder kam im allerletzten Moment etwas dazwischen. Entweder schlug der Wind um oder ein von uns übersehenes Stück wurde flüchtig und nahm die scheuen Schafe mit.

Als ich nach einigen erfolglosen Tagen und einer langen und anstrengenden Pirsch endlich ein Rudel mit einem starken Widder auf weniger als 200 Meter vor mir hatte, schoß ich diesen trotz allerbester Auflage glatt vorbei. Ich wollte es nicht glauben, daß ich diese Chance so schmählich versiebt hatte und meinte, es müsse am Gewehr liegen, denn ich war am Tage zuvor im Steingeröll abgerutscht und mit der Waffe hart aufgeschlagen. Doch die nachfolgenden

Kontrollschüsse saßen alle im Zentrum, es hatte also nur an mir gelegen.

Gänzlich unerwartet stellte sich dann doch noch Waidmannsheil ein und dies wieder einmal auf eine Wildart, die eigentlich gar nicht eingeplant war. Als wir eines Abends vom Berg herunter kamen, zog aus einem Graben ein einzelnes starkes Stück Wild aus. Zuerst glaubte ich, wieder einen Bären vorzuhaben, doch bei genauerer Betrachtung entpuppte es sich als ein einzelner starker Keiler, der da im letzten Licht, groß und grau wie ein Esel, auf der Wiese brach. Viel Zeit blieb mir allerdings nicht, denn das Büchsenlicht nahm rapide ab.

Als ich mich auf etwa 120 Meter herangeschlichen hatte, mußte der Schwarzkittel wohl etwas bemerkt haben, denn er wurde unruhig und hielt im Brechen inne. Ich hockte mich schnell hin, zog mein rechtes Knie hoch und schoß.

Blitzartig brach der Keiler zusammen und schlegelte heftig mit den Hinterläufen. Im Schuß hatte ich bemerkt, daß ich etwas hoch abgekommen war, deshalb zögerte ich auch keine Sekunde mit dem zweiten Schuß, der zur rechten Zeit kam. Wie sich herausstellte, hatte mein erster Schuß hoch am Rückgrat gefaßt, und dieser starke Keiler wäre höchstwahrscheinlich auf Nimmerwiedersehen verschwunden, wenn ich nicht augenblicklich nachgeschossen hätte.

Nun wollte natürlich niemand die Sau anfassen, weil alle meine Begleiter Mohammedaner waren und es ihnen gemäß ihres Glaubens verboten ist, mit einem so unreinen Tier in Berührung zu kommen. Ich aber freute mich nichtsdestotrotz sehr über diesen starken Keiler, den lange und dicke Waffen mit besonders gut gekrümmten Haderern auszeichneten.

Das Wildbret ließen die Einheimischen einfach liegen, und ich mußte mir die Trophäen auch selbst zubereiten. Sogar den Topf, in dem ich das Gewaff auskochte, haben die Perser nachher weggeworfen.

Inzwischen hatte ich mich fast damit abgefunden, ohne einen Urial die Heimreise anzutreten. Immerhin hatte ich jedoch vier starke Trophäen erbeutet und unvergeßlich schöne Jagdtage in den Bergen des Iran erlebt, deshalb war ich auch nicht unzufrieden. Zwei Pirschgänge wollten wir noch dranhängen. Der vorletzte verlief wiederum ergebnislos.

Doch als wir am letzten Morgen bei Sonnenaufgang in die Berge stiegen, hatte ich unerklärlicherweise ein gutes Gefühl. Und richtig, kaum waren wir an unserem bevorzugten Ausguck angekommen, entdeckten wir auf dem Gegenhang ein Rudel von sieben Urialwiddern, die von uns noch nichts mitbekommen hatten. Wenn auch kein Hochkapitaler darunter war, so gelang es mir doch, mit einem Weitschuß den besten dieses Junggesellenrudels zu erlegen – ein außerordentlich erfreulicher Abschluß!

Kein Wunder, daß wir den langen Weg nach Teheran in gehobener Stimmung zurücklegten. Dieses Hoch hielt auch über die restlichen Tage in der Hauptstadt Persiens an, denn es gab weder bei der Hotelbuchung noch anderswo irgendeine Panne oder Komplikation.

Der Präparator, bei dem ich meine Trophäen abgab, versicherte, daß er schon seit vielen Jahren keinen so starken Steinbock mehr gesehen hätte und daß es sich bei meinem Bären wahrscheinlich um einen neuen persischen Rekord handelte. In etwa zehn Monaten könne ich mit der Fertigstellung der Präparate rechnen.

Doch leider kam es ganz anders. Der Ayatollah Khomeni kehrte nach Persien zurück und stürzte den Schah. Von meinen Trophäen habe ich nie wieder etwas gehört. Außer meiner Erinnerung und den Fotos sind mir nur die Keilerwaffen geblieben, da ich diese handlichen Stücke damals im Reisegepäck gleich mitgenommen hatte.

Besonders bedauere ich, daß der hochkapitale Steinbock nicht an meiner Jägerwand hängt. Auch die gebuchte Jagd auf das Kreishornschaf kam nicht mehr zustande, und ich werde sie wohl endgültig von meiner Wunschliste streichen müssen.

Simba und andere Löwen

Schon als Schulkind erfährt man: Der Löwe ist der König der Tiere, alle Lebewesen sind ihm untergeordnet. Diesen Beherrscher der Tierwelt zu jagen und ihn zu bezwingen, galt seit jeher als besondere Mutprobe.

Zwar hat die Erfindung des Schießpulvers, der modernen Zielfernrohrwaffe mit Teilmantelgeschoss viel vom Nimbus des mutigen Löwenjägers genommen, doch einen Löwen zu jagen und ihn zur Strecke zu bringen, beflügelt auch heute noch die Phantasie eines jeden Großwildjägers. Wer kennt nicht jene Hemingway-Story vom Francis Macomber, der die Achtung seiner Ehefrau verlor, als er sich bei der Löwenjagd als Feigling erwies und davonlief?

Ich gehörte nicht zu jenen, die schon in ihrer Kindheit von Afrika und von Löwenjagden träumten. Im Gegenteil. Als junger Jäger zog es mich eher nach Kanada zu Elch und Bär, Lachs und Wolf. Der „Bazillus africanus" packte mich viel später, dann allerdings mit übermächtiger Intensität.

Meinen ersten Löwen erlegte ich allerdings gleich auf meiner allerersten Safari im Norden Kenias. Der schwarze Fährtensucher deutete aufgeregt in den Busch, und als hinter einem Strauch ein großer Löwe aufstand und mein Berufsjäger zustimmend nickte, schoß ich. Das Teilmantelgeschoß der .475 No 2 quittierte der Löwe mit einem gewaltigen Satz. Als er wieder auf dem Boden aufschlug, war er vermutlich schon verendet. Vor uns lag ein großer, allerdings mähnenloser Buschlöwe.

Ich kann nicht sagen, daß mich diese erste Löwenjagd besonders aufwühlte. Dafür war es zu glatt, vor allem aber viel zu schnell gegangen. Drei Tage in Afrika und schon Löwenjäger. Die Begeisterung für diese faszinierende Wildart kam später, als ich Ikoma, eine Enklave in der löwenreichen Serengeti, als meine Heimat beanspruchen durfte. Dort lernte ich den König der Tiere genauestens kennen. Danach kann ich sagen, er ist der wahre Herrscher der Wildbahn.

Der „Herr mit dem dicken Kopf" ist die unumstrittene Nr. 1 der Tierwelt. Er bezwingt jedes andere Lebewesen auf dem Lande, mag es auch noch so groß sein. Elefanten werden unruhig und nervös, wenn sie Löwen wittern. Tonnenschwere Flußpferde flüchten in Panik zurück ins schützende Wasser, wenn Löwen nahe sind, und selbst das sture Nashorn prustet aufgeregt und trabt davon, wenn Löwenwittrung seine Nase kitzelt.

Zwar behaupten einige „Fachleute", der König der Tiere sei in Wirklichkeit ein feiger, fauler Aasfresser, der seine Frauen für sich jagen lasse, Hyänen vom Riss vertreibe und sein Leben faul und in den Tag hinein dösend verbringe. Wer solches unterstellt, kennt diese vielseitige Wildart nur sehr oberflächlich. Da er von allen Großkatzen am nachtaktivsten ist, verhält sich der Löwe am Tage etwa so wie wir Menschen mitten in der Nacht. Was glauben Sie, würde ein Marsbewohner, auf die Erde gesandt, seinem Auftraggeber über uns Menschen berichten, wenn er uns nur zwischen Mitternacht und 4 Uhr sehen würde?

In Ikoma (Tansania) habe ich Löwen über viele Jahre hindurch studiert, denn ich hatte fast täglich mit ihnen zu tun. Nahezu jede Nacht hörte man sie. Das Rufen des Löwen, vor allem aus der Nähe, weckt zwiespältige Empfindungen im Menschen.

Erstaunliches erlebte ich in jenen Jahren mit dem König der Tiere: Ich sah, wie ein junger Mähnenlöwe mit einem einzigen Schlag einen großen männlichen Leoparden tötete, der überhaupt nicht an Gegenwehr dachte. Auch ein Gepard, als das schnellste Säugetier der Welt apostrophiert, war trotz eiliger Flucht verloren, als er einer Löwin zu nahe kam. Wie eine Kanonenkugel kam sie angeflogen, hatte nach drei, vier schnellen Sprüngen den Geparden, der seine Geschwindigkeit noch nicht erreicht hatte, eingeholt und im Sprung geschlagen.

Auch bei den alten Römern im Collosseum waren die Kämpfe zwischen Löwen und Tigern stets zugunsten der Löwen ausgegangen, was sich allerdings mit der völlig anderen Bestimmung der „Schleichkatze Tiger" erklären läßt, denn der gestreifte Asiate geht nach Möglichkeit jeder Konfrontation aus dem Weg und greift nie von vorne an.

Als White Hunter bekommt man oft die Frage gestellt, welches wohl die gefährlichste Wildart unter den Großen Fünf Afrikas sei. Viel Papier ist zu diesem Thema beschrieben worden, ohne daß eine Übereinstimmung erzielt worden wäre. Ein allgemein gültiges Urteil kann es auch nicht geben, denn die Geländebeschaffenheit spielt eine wichtige Rolle: Eine Wildart, die im dichten Busch äußerst gefährlich ist, büßt im offenen Gelände das meiste ihrer Gefährlichkeit ein. Es kann aber auch genau umgekehrt sein.

Einige Wildarten wie Elefant und Nashorn sind vor dem Schuß angriffslustig und unberechenbar, andere, wie Büffel und Leopard, erst bei einer Nachsuche gefährlich. Die Aggressivität der einzelnen Wildarten schwankt zudem in den verschiedenen Ländern und Gebieten sehr.

Zusätzlich habe ich festgestellt, daß sich innerhalb der letzten 25 Jahre bei allen Großwildarten eine bedeutende Veränderung in ihrem Verhalten gegenüber Menschen vollzogen hat. Man sollte bei diesen Betrachtungen ganz klar trennen, bei welcher Wildart ein hautnahes Zusammentreffen wahrscheinlich zum Tod des Jägers führt, und bei welcher Wildart eine gute Chance besteht, diese Berührung zwar verletzt, aber immerhin noch lebend zu überstehen.

Aus diesen Überlegungen muß man die Nashörner eigentlich herausnehmen. Das Breitmaul-Nashorn ist nicht angriffslustig und wird normalerweise, selbst wenn es angeschweißt ist, den Jäger nicht annehmen. Dies ist beim Schwarzen- oder Spitzmaul-Nashorn zwar anders, doch hatte ich bei ihnen immer das Gefühl, sie wollten den Eindringling nur verscheuchen und aus ihrem Einstand heraustreiben.

Bei den verbleibenden vier Großwildarten hat der Jäger sowohl bei einem Büffel-, mehr noch bei einem Leopardenangriff beste Chancen, lebend davonzukommen. Die Tuchfühlung mit einem Löwen, noch mehr mit einem Elefanten haben allerdings die wenigsten lebend überstanden.

Wenn ich aus meiner Erfahrung eine Rangliste aufstellen müßte, dann würde ich, was die Todesgefahr betrifft, den Löwen an die Spitze stellen, gefolgt vom Elefanten, dann den Büffel – weit dahinter Leopard und Nashorn. Wenn es allerdings um die Frage geht, welche Wildart wohl am ehesten in der Lage ist, einen nachsuchenden Jäger zu verletzen, dann sieht die Reihenfolge ganz anders aus, dann würde ich den Leoparden an erster Stelle nennen, dicht gefolgt vom Büffel.

Ikoma war wohl eines der besten Löwengebiete ganz Afrikas, denn neben wenigen Revieren in Botswana ist die Serengeti eines der sichersten Gebiete für Löwen mit starker Mähne, und darauf legen halt Trophäenjäger besonderen Wert. Dabei hat die Größe oder Dichte einer Mähne nicht unbedingt etwas mit der Körper- oder Schädelgröße zu tun. Im Gegenteil – aus eigener Erfahrung kann ich sagen, daß meine Löwen mit Supermähnen sowohl in den Schädel- als auch in den Körpermaßen nur mittlere Stärke aufwiesen.

Im Norden Ugandas fuhr ich vor vielen Jahren einmal mit zwei Jagdgästen, meinem Fährtensucher und einem lokalen Führer einen kleinen Fluß entlang, als wir mehrere Eingeborene auf den Bäumen sitzen sahen. Sie riefen laut um Hilfe und gestikulierten aufgeregt herum.

Der lokale Schwarze übersetzte mir, daß vor etwa sechs Stunden ein Löwe aus dem Ufergebüsch herausgebrochen sei, sich einen Mann gegriffen habe und mit diesem im Busch verschwunden sei. Der Mann habe zunächst laut geschrien, dann sei es still gewesen, und man hätte nur noch das Krachen von Knochen gehört. Sie seien alle in Panik auf die Bäume geklettert und hätten sich nicht getraut herunterzusteigen, denn der Löwe läge noch immer dort in jenem Gebüsch. Erst vor wenigen Minuten habe er noch laut geknurrt.

Daraufhin stieg ich nach hinten auf den Jagdwagen, lud meine Doppelflinte mit groben Posten und ließ den Fährtensucher das Fahrzeug langsam auf das Ufergebüsch zusteuern. Laut grollte der Löwe da drinnen, aber er griff nicht an. Ungesehen konnte er sich nicht davonmachen, doch ich hatte wenig Lust, ins dichte Ufergebüsch zu kriechen, schließlich war ich nicht lebensmüde. So ging das eine ganze Zeitlang.

Erst als ich dem Fahrer das Zeichen gab, er solle den Motor ausmachen, und wir den Löwen laut anriefen, kam er kurz nach einem furchtbaren Grollen wie ein gelber Pfeil aus dem Busch geschossen, den Wagen annehmend. Er erhielt die volle Ladung mitten im Sprung und landete krachend und wild um sich schlagend mitten auf der Kühlerhaube. Es war ein großer, ausgewachsener Löwe mit einer geringen Mähne. Verletzungen, Mißbildungen oder andere Unregelmäßigkeiten ließen sich nicht feststellen. Wild gab es reichlich in diesem Gebiet. So wird es für immer ein ungelöstes Rätsel bleiben, warum dieser Löwe, ohne verwundet oder in die Enge getrieben zu sein, Menschen angegriffen hat.

In der Ikoma-Zeit hatte ich einen Luderplatz angelegt, der ständig bestückt wurde und interessante Beobachtungen ermöglichte. Der stark ausgeprägte Familiensinn bei den Löwen verhinderte ernsthafte Kämpfe um das Futter. Selbst der bei den meisten Fleischfressern in der Regel vorhandene Futterneid ist beim Löwen nur schwach entwickelt. Später mußte ich dieses Projekt allerdings aufgeben, nicht aus Fleischmangel, sondern weil sich die Löwen wie die Karnickel vermehrten, da wie bei kaum einer anderen Wildart die zur Verfügung stehende Futtermenge auf die Vermehrungsrate durchschlägt.

Meinen größten Mähnenlöwen erlegte ich durch Zufall. Ich saß mit einem französischen Jagdgast, der einen Löwen schießen wollte, an einem trockenen Nebenfluß des Grumeti-River. Wir hatten guten Rundblick und wußten, daß gegenüber in einem Streifen mit hohem Gras einige Löwen steckten. Die Sonne stand schon tief und warf lange Schatten, als ein großer Löwe mit starker Mähne aus dem Gras herauskam. Mein Gast zitterte bei seinem Anblick am ganzen Körper. Gottseidank hatte es der alte Löwe dort drüben aber nicht eilig, und es gelang mir, meinen Gast soweit zu beruhigen, daß er mit einem einzigen Schuß seiner .375 den Löwen verendet auf den Platz bannte.

Nach kurzer Wartezeit gingen wir zusammen mit dem Fährtensucher hinüber, und der glückliche Jäger war in seinem Überschwang kaum noch zu bremsen. Da das Licht ständig abnahm, wir aber noch einige Erinnerungsfotos machen wollten, brachten wir die wertvolle Beute in eine günstige Fotografierposition.

Doch kaum hatten wir den Löwen angefaßt, preschte mit lautem Grollen ein zweiter Löwe, offenbar sein Gefährte, aus dem hohen Gras heraus. Da ich meine geladene Doppelbüchse noch in der Hand hielt, konnte ich ihm auf kürzeste Distanz das schwere Teilmantelgeschoß über der Nase in den Kopf plazieren. Wie ein Hase rollierte der Angreifer – ein Prachtbursche mit riesiger dunkler Mähne. Und da ich eine gültige Lizenz auf diese Wildart hatte, durfte ich die Trophäe behalten.

Auf einer Löwenjagd ist nichts unmöglich. Allgemein besteht die Auffassung, Löwen seien wasserscheu. Dies mag generell auch stimmen, doch ich habe den König der Tiere sogar nach Bärenart fischen sehen. Als große Trockenheit herrschte und selbst der Grumetifluß nur noch wenige schlammige Pfützen aufwies, beobachtete ich zwei Löwen, die sich gekonnt einige dicke Welse aus dem Schlamm herausholten und auffraßen. Ich hatte den Eindruck, daß sie das nicht zum ersten Male taten.

Auch der sprichwörtliche Löwenmut ist nicht allen von ihnen gegeben. Des öfteren habe ich bei Nachsuchen erlebt, daß angeschweißte Löwen immer wieder das Weite suchten und sich nicht stellen wollten, geschweige denn angegriffen hätten.

Will man sich aber ein ganz genaues Bild von ihnen machen, dann sollte man sie in der Nacht erleben. Sie sind nämlich mehr als jede andere Großkatze ausgesprochene Nachttiere. Da aber in den meisten afrikanischen Ländern die Nachtjagd streng verboten ist, hat ein Jäger zumeist nur am Tage mit ihnen zu tun. Anders ist es, wenn Löwen zu Schaden gehen. Dann müssen sie mit allen Mitteln ausgeschaltet werden.

Als ich für das Wildhegeamt Abschüsse von Schadwild ausführte, mußte ich des öfteren viehraubenden Löwen nachstellen. Die besten Erfolge erzielte ich in der Nacht. Die Viehräuber waren meistens mit allen Wassern gewaschen. Besonders ein Paar in der Nähe von Rumuruti im Nordwesten Kenias galt als extrem schlau und verschlagen, es schien so, als könne man ihnen nicht beikommen.

Ich jagte nahezu einen Monat ausschließlich auf dieses Paar. Es bestand aus einer alten Löwin und einem großen ausgewachsenen Buschlöwen. Die Erfahrung hatte sie gelehrt, stumm zu jagen und jedwedes Licht zu meiden. Wenn sie die Scheinwerfer eines Autos gewahrten, schlichen sie davon und schlugen viele Kilometer entfernt ein Rind oder eine Kuh. An ihren Riß kamen sie nicht wieder zurück.

Viele Nächte verbrachte ich erfolglos in ihrem Hauptjagdgebiet, und es war immer sehr frustrierend zu hören, daß sie ganz in meiner Nähe schon wieder ein Stück Rindvieh geschlagen hatten, während ich mir eine lange und erfolglose Nacht um die Ohren geschlagen hatte. Als ich nicht mehr weiter wußte, verteilte ich in der Nacht Wachen mit der Weisung, sofort zu mir zu eilen, wenn sich die Annäherung von Löwen anzeigen würde.

Tatsächlich kam eines nachts einer meiner Fährtensucher, den ich an einem Viehkraal postiert hatte, angelaufen und berichtete, daß die Kühe plötzlich sehr nervös geworden wären und daß er ganz deulich das leise Grollen eines Löwen vernommen hätte. Also nichts wie hin. Der halbe Mond tauchte den nächtlichen Busch in ein gespenstisches Licht, als wir uns vorsichtig näherten. Daß dort etwas vorgefallen war, stand außer Frage, denn in der Zwischenzeit waren die Kühe aus dem Kraal ausgebrochen und irrten verängstigt herum. Also hatte die bewährte Jagdmethode der Löwen wieder einmal Erfolg gehabt.

Der König der Tiere nähert sich unter Wind den eingepferchten Kühen. Diese geraten in Panik, wenn sie ihren Todfeind so nahe spüren und brechen in wilder, kopfloser Flucht aus ihrer Umzäunung aus und fliehen in alle Richtungen. Für einen Löwen ist es dann ein Kinderspiel, eine Kuh, die als ausgesprochenes Tagtier in der Nacht völlig hilflos ist, zu reißen.

Zu Anfang konnte ich die Viehräuber hier nicht lokalisieren, wußte allerdings, daß sie in allernächster Nähe sein mußten. So blieb ich zunächst einmal ruhig stehen. Zu allem Unglück verschwand zeitweise der schwache Mond hinter eine Wolke, und es wurde stockdunkel.

Nach kurzer Wartezeit drangen links aus dem Busch Freßgeräusche zu uns herüber. Mit äußerster Vorsicht schlich ich in diese

Richtung, meine schwere Doppelbüchse in der Hand und meinen bewährten Mwangangi an der Seite, der eine 12er Flinte mit groben Posten trug. Als wir vor uns eine Lichtung durch den Busch schimmern sahen, entdeckten wir dort auch die beiden Viehräuber, die sich ungestört an der kurz zuvor gerissenen Kuh labten. Der Busch gab uns gute Deckung, die beiden Löwen auf der anderen Seite der Lichtung waren allerhöchstens 50 Meter entfernt.

Im Zeitlupentempo ging ich in Anschlag, und als der größere männliche Löwe mir ein sicheres Ziel bot, schoß ich. Er brüllte laut auf und vollführte wild um sich schlagend einen riesigen Satz. Die Löwin aber war lautlos hinter der gerissenen Kuh zusammengesunken und keinesfalls – wie erwartet – sofort flüchtig geworden. Als der Löwe verendet war, wurde es totenstill um uns herum. Nichts rührte sich.

Ich glaubte fast schon, daß ich mit meinem Schuß auch die Löwin getroffen hätte, denn es herrschte beinahe Friedhofsruhe. Da sah ich für einen kurzen Augenblick ihren peitschenden Schweif, und irgendwie spürte ich instinktiv, daß sie angreifen würde, denn der Schwanz ist bei dieser Wildart ein untrügliches Stimmungsbarometer. Ich tauschte mit dem neben mir kauernden Mwangangi die Waffen.

Zu meiner Bestürzung schob sich ausgerechnet, als die Löwin nach einem kurzen grollenden Angriffslaut angesprungen kam, wieder eine Wolke vor den Mond. Sehen konnte ich absolut nichts. Doch sie war in D-Zuggeschwindigkeit bei uns, und ich würde diese Zeilen nicht mehr schreiben können, hätte ich nicht meine Doppelflinte im Anschlag gehabt. Als ich, mehr ahnend als sehend, einen Schatten vor mir spürte, feuerte ich nacheinander beide Läufe ab. Trotzdem erwischte sie uns beide aber doch noch ganz leicht. Mwangangi wurde bei ihrem Sturz an der Schulter mitgerissen, und mir versetzte ihr Hinterteil einen groben Stoß, als wir in Torwartmanier zur Seite hechteten.

Als kurze Zeit später der Mond wieder herauskam, sahen wir, daß der Löwin der halbe Kopf fehlte. Ob es aber mein erster oder der zweite Schuß war, der uns rettete, kann ich nicht sagen, denn es war wirklich ein absoluter „Blindflug". Wären sie so schußhart wie Büffel, dann würde jede Löwenjagd ein wahres Himmelfahrtskommando abgeben. Doch sie vertragen nicht viel. Ich habe Löwen nach Pansenschüssen verendet aufgefunden, mit denen Büffel noch nach zwei Tagen angegriffen hätten.

Von allen Erlebnissen mit Löwen sind mir die Begegnungen mit

Simba besonders ans Herz gewachsen, wenngleich sein Schicksal eher traurig endete. Simba ist bekannterweise der Suaheliname für den Löwen.

Als wir eines Tages mit zwei deutschen Safarigästen über die Kurzgrassteppe am Ikorongo fuhren, forderte mich zu meinem großen Erstaunen der lokale Fährtensucher Mogabo erregt auf einen großen Löwen, der sich gerade davonstehlen wollte, doch unbedingt zu schießen. Mogabo deutete in eine schüttere Buschgruppe und rief: „Bwana, piga Simba iko, piga sassa hiwi, taffadhali piga." Derartig aufgeregt hatte ich meinen Helfer zuvor noch nicht erlebt.

Als der große Mähnelöwe außer Sicht war, stoppte ich den Wagen und wollte von Mogabo wissen, was in ihn gefahren sei. Er wisse doch, daß meine Gäste keine Löwenlizenz hätten, meine eigene erst vor zwei Monaten mit dem Abschuß eines gingerfarbenen erfüllt wurde und wir deshalb überhaupt nicht an Löwen interessiert wären. Doch Mogabo ließ sich nicht beruhigen. Dies dort wäre SIMBA, ein ganz spezieller Schadlöwe gewesen, erklärte er aufgeregt. Als er sich einigermaßen beruhigt hatte, erfuhr ich dann die Geschichte von Simba.

Jeder Ikomese kannte und fürchtete ihn. Seit einigen Jahren brach er, ein einzelner großer Löwe, in unregelmäßigen Abständen nachts in das Dorf Robanda, schlug dort in einem Kraal ein Rind, fraß es halb auf, ließ den Rest liegen und verschwand. In mondhellen Nächten erschien er nicht. Einmal, als die Hunde angeschlagen hatten und zwei Männer daraufhin mit Stall-Laternen nach draußen gingen, sahen sie ihn, wie er über dem geschlagenen Rind stand und fraß. Die Männer schleuderten Steine und Holzscheite, um den Viehdieb zu vertreiben. Doch Simba ließ sich nicht stören.

Als es ihm zu bunt wurde, grollte er laut auf, ließ seinen Riß im Stich und war mit einem einzigen Satz bei den Störenfrieden. Er packte den einen, Samuel Khibote, und biß ihm in die Schulter. Nur kurz hielt er sein Opfer fest, schleuderte es verächtlich in die Ecke und schritt langsam und würdevoll zu seinem Riß zurück. Samuel konnte seinen linken Arm nach diesem Erlebnis nicht mehr bewegen. Daraufhin schickte man eine Dorfabordnung ins nahe Seronera mit der Bitte, diesen Simba, wie er von da an nur noch genannt wurde, auszuschalten. Auch der Bwana Game, der Beamte vom Wildhegeamt, sei benachrichtigt worden, doch es geschah nichts. Simba komme noch immer in unregelmäßigen Abständen ins Dorf und hole sich „seinen Anteil".

Und vorhin hätte nun ich die einmalige Chance verpaßt, diesen üblen Räuber für immer auszuschalten. Laut lamentierte Mogabo und wollte sich nicht beruhigen. Es half nichts – weder die Erklärung, daß ich meine Berufsjägerlizenz aufs Spiel gesetzt hätte, wenn ich ohne behördliche Genehmigung so-mir-nichts-dir nichts einen Löwen geschossen hätte, noch die Zusicherung, daß es sowieso viel zu schnell gegangen sei und daß der sogenannte Simba sich ja äußerst schnell und erfolgreich gedrückt hätte –, Mogabo war eingeschnappt.

Ich aber machte mir meine Gedanken um diesen Löwen. Irgendetwas stimmte nicht mit ihm. In Ikoma-Ikorongo gab es soviel Wild, daß für Löwen keine Notwendigkeit bestand, die Nähe der Menschen aufzusuchen, um dort unter Gefahren ihren Hunger zu stillen. Zudem schien mir bemerkenswert, daß dieser Simba stets allein, niemals in Gesellschaft von weiteren Löwen gesehen worden war. Auch dies war ungewöhnlich, sind doch die Löwen äußerst gesellig und zumeist in Familienverbänden anzutreffen.

Doch fürs erste war ich mit meinen Safarigästen beschäftigt, die keinerlei Interesse an der Löwenjagd zeigten. Gerade im deutschsprachigen Raum gibt es nach meinen bisherigen Eindrücken viele Jäger, die Tiere, die sie zu Hause im Zirkus oder Zoo ständig vorgeführt bekommen, nicht bejagen mögen. Also keine Elefanten, Löwen, Tiger oder Bären. Andere Ansichten soll man respektieren, verstehen kann ich sie nicht, denn schließlich zeugt die Trainierfähigkeit doch nur von einer hohen Intelligenz der jeweiligen Tierart und hat nichts mit dem Verhalten der freilebenden wilden Artgenossen zu tun.

Als ich das nächste Mal beim Game Departement weilte, erkundigte ich mich vorsichtshalber, ob etwas über einen Schadlöwen im Bereich Robanda-Ikoma-Grumeti bekannt sei, und erhielt die Antwort, daß dieser Schadlöwe nicht nur dort, sondern auch in Banagi inmitten der Serengeti sein Unwesen treiben würde.

Einige Tage später erhielt ich von Miles Turner, dem damaligen Leiter der Anti-Wildererabteilung, der gleichzeitig auch für das Schadwild der Serengeti zuständig war, die Genehmigung, diesen Simba auch ohne Lizenz bei jeder sich bietenden Gelegenheit zu erlegen. Verpflichtung sei jedoch, die Forschungsstelle sofort zu benachrichtigen und den Löwen an diese zu übergeben, um ihn näher untersuchen zu können. Sein Verhalten weiche deutlich von dem „normaler Löwen" ab. Simba wurde immer interessanter für mich.

Doch zunächst blieb er für viele Wochen erst einmal verschwunden. Dann wurde im 20 Kilometer entfernten Nyabuta ein Kind von einem Löwen in der Nacht verschleppt. Man fand die Schleifspur und die Abdrücke eines einzelnen großen Löwen, und sogleich war Simba wieder im Gespräch. Es wurde eine sogenannte Polizeijagd auf ihn abgehalten. Dabei schossen die Wildschutzbeamten zwar allerhand, und alle Teilnehmer nahmen ausreichende Mengen Wildbret mit nach Hause, Simba ließ sich jedoch nicht blicken.

Die Schwarzen hatten eine völlig andere Meinung von Simba. Für sie stand fest, daß er über übernatürliche Kräfte verfügte, und niemand – gleichgültig ob Weiß oder Schwarz – würde ihn mit einer „normalen Kugel" zur Strecke bringen können, da er mit dem Teufel im Bunde stand. Wenn sie von ihm sprachen, fiel mehrfach dabei der Name „Fritz". Ich glaubte am Anfang, mich verhört zu haben, doch als ich eines Tages nachfaßte, kam folgendes heraus:

Vor vielen Jahren lebte im nahen Nata ein alter Mann, der es in seinem Leben sehr schwer gehabt hatte, weil er mit seiner Situation als Mischling – Nachkomme eines Soldaten der deutschen Schutztruppe mit einer Eingeborenen – nicht zurechtkam. Er wuchs unter Schwarzen auf, wurde von diesen auch wie ihresgleichen behandelt, doch er fühlte sich als etwas Besseres.

Bei den Weißen, zu denen er sich rechnete, fand er jedoch keinen Zugang – im Gegenteil, die wenigen Kontakte endeten stets entmutigend und niederschmetternd für Fritz, wie er allgemein genannt wurde. Er beherrschte nicht die Sprache der Weißen und wurde von ihnen weder gehört noch anerkannt. Aufgrund seiner helleren Hautfarbe meinte er, weder eine Schule besuchen, noch arbeiten zu müssen und fiel so jedem zur Last.

Als eines Tages seine alte Mutter starb, der einzige Mensch, der immer zu ihm gehalten hatte, geriet er ganz aus dem Gleichgewicht. Das Zusammenleben mit ihm wurde so unerträglich, daß man ihn aus der Dorfgemeinschaft ausstieß. Er zog in die Ruine des ehemaligen Forts von Lettow-Vorbeck in Ikoma und richtete sich in den Trümmern diesen alten Baues häuslich ein. Er lebte von der Wilderei (meist Schlingenstellen), hob Vogelnester aus und schlich manchmal nachts in eine der Dorfhütten, um etwas zu stehlen.

Es war gefährlich, dem störrischen Einzelgänger zu nahe zu kommen, denn Fritz war ein großer kräftiger Mann geworden, der keinen anderen Menschen in seiner Nähe duldete. Immer war er bewaffnet, und seine Notbehausung in der Ruine des alten deutschen Forts wurde von einem selbstaufgezogenen wilden Leoparden bewacht, der jeden Eindringling ohne Vorwarnung angriff, seinem Ziehvater Fritz aber kompromißlos hörig war. Wer den Aberglauben der schwarzen Kinder Afrikas kennt, weiß, daß fortan jeder einen weiten Bogen um die Fortruine Ikoma machte. Man munkelte auch, der Leopard habe für Fritz Beute gemacht und ihn mit Fleisch versorgt, als dieser krank war.

Doch als der vierläufige Gefährte des Einsiedlers eines Tages gestorben war, ging es auch Fritz nicht mehr so gut. Im nahen Grumeti-Fluß floß zwar immer Wasser, und er fand auch genug Fleisch, Wurzeln, Beeren, Würmer und Käfer, doch er litt sehr in dieser Einsamkeit unter dem Verlust seines gefleckten Freundes. Deshalb habe sich sein Geist verwirrt und er sei in der Nacht herumgeirrt und habe irre Laute ausgestoßen.

Nachdem man ihn über einen längeren Zeitraum nicht mehr gesehen hatte, war eine Gruppe von Wa-Ikoma-Kriegern aufgebrochen, um in seiner Behausung auf der Fortruine nach ihm zu suchen. Man fand nichts. Doch aus einem Winkel, der ihm offensichtlich als Schlafstelle gedient hatte, sei ein Löwe hervorgetreten, hätte die erstaunten Krieger lange und überheblich angeblickt, um dann erhaben und ohne Hast davonzuschreiten.

Für jeden in Ikoma stand von da an fest, daß der Löwe den Einsiedler gefressen hatte und der Geist des unseligen Fritz in den Körper dieser mächtigen Raubkatze gefahren sei. Sie würde sich genauso wie Fritz bewegen, sei immer allein und unberechenbar, verhalte sich wie ein Dieb und Räuber, und ihre Mähne sehe genauso aus wie der dichte braune Bart von Fritz.

Ich weigerte mich, die Mär von dem Mulatten, der sich in einen Löwen verwandelt hatte, zu glauben. Auch der Behauptung, Simba habe den Einsiedler verspeist, schenkte ich weiter keine Beachtung, da Löwen, die schon einmal festgestellt haben, wie leicht es ist, die „Krone der Schöpfung" umzubringen, dies danach immer wieder tun.

Bei Simba, der ganz offensichtlich hier nun schon mehrere Jahre sein Unwesen trieb, traf dies jedoch nicht zu, hatte er doch Samuel, der ihn damals beim Riß störte, nur gepackt und gebissen. Fritz war höchstwahrscheinlich eines ganz natürlichen Todes gestorben, und seine Reste hatten, wie in jenen Breiten üblich, Hyänen und Schakale beseitigt.

Nach all diesen möglichen und unmöglichen Schauergeschichten wurde dieser Löwe für mich immer interessanter, und ich hoffte auf eine baldige Begegnung mit ihm. Leider aber geschah nichts. Über viele Wochen hinweg ließ sich Simba nicht mehr blicken. Es wurde auch kein Riß mehr gemeldet. Der scheue Einzelgänger schien wie vom Erdboden verschwunden. Ich bemerkte dies allerdings kaum, denn ich war mit Safaris reichlich eingedeckt, und wenn man Gäste richtig betreuen und führen will, dann bleibt für alles andere kaum mehr Zeit.

Es mag etwa drei Monate später gewesen sein, als ich mit einem Gast einen einzelnen starken Büffelbullen anpirschte. Der Wind stand gut, und wir näherten uns, durch das Ufergebüsch eines Grabens gedeckt, flott unserem Ziel, als uns ein kurzes tiefes Grollen stoppte. Gleich darauf trat auf etwa 30 Schritt ein großer Mähnenlöwe auf der anderen Seite heraus und stand uns frei und ungedeckt gegenüber. Für mich bestand kein Zweifel, das mußte Simba in seiner ganzen Pracht und Herrlichkeit sein.

Nach einigen langen Sekunden trollte er davon, zwei überraschte und beeindruckte Jäger zurücklassend. Wir ließen ihn unbehelligt davonziehen, und da ich diesmal Hadschi als Fährtensucher dabeihatte, gab es auch nicht das Palaver, das Mogabo sicherlich angestimmt hätte. Immerhin erlegte mein Gast danach den alten Büffel, der unsere Begegnung mit dem großen Löwen überhaupt nicht mitbekommen hatte.

Im Laufe der nächsten Wochen und Monate sah ich Simba dann aber häufiger, meist allerdings nur kurz. Erstaunlicherweise sträubte sich in meinem Innersten etwas dagegen, daß er geschossen würde. Diese Gefühlsregung war mir bis dahin völlig unbekannt. Nur am erlegten Elefanten kannte ich eine nicht wegzuzwingende Traurigkeit, die jedoch immer erst nach dem Schuß eintrat. Daß ich für ein jagdbares, wehrhaftes Wild, was zudem noch als anerkannter „Schädling" jederzeit ohne Anrechnung auf die Lizenz hätte geschossen werden dürfen, derartige Empfindungen hegte, beunruhigte mich, hielt mich aber nicht davon ab, seine Bejagung zu verhindern.

Später hätte Simba noch zweimal am Luder leicht erlegt werden können, doch ich erfand alle möglichen Ausreden, seinen Abschuß zu unterbinden. Gott sei Dank bekamen beide Gäste kurze Zeit später andere starke Mähnenlöwen. Mogabo, der dieses Drama in beiden Fällen miterlebte, flippte regelrecht aus, als wir nicht schossen. Schließlich nahm er an, daß ich Simba selbst zur Strecke bringen wollte, und deshalb den Gästen den Schuß ausredete.

Aber auch diese Hoffnung Mogabos zerstörte ich bei einer Fahrt ohne Safarigäste über die Kurzgrassavanne. Wir waren unterwegs, um einige Zebras zu schießen und trafen dabei den alten Simba vor einem dichten Busch sitzend an. Mogabo nahm nun felsenfest an, daß die letzte Stunde des alten Löwen geschlagen habe. Doch ich

Die Hauptaktivität der Löwen liegt in den Nachtstunden

Ein Kopfschuß stoppte den stärksten Mähnenlöwen des Autors

Capra hispanica, der stolze Herrscher der spanischen Bergwelt

Dieser Sitatunga war mir ein dringendes Bedürfnis

Simba-Chui, damals der weltstärkste afrikanische Leopard

wollte Simba nicht schießen, konnte es nicht übers Herz bringen, das inzwischen liebgewonnene Symbol Ikomas auszulöschen. Diese Entscheidung kostete mich allerdings die Freundschaft von Mogabo, der derartige Regungen überhaupt nicht nachvollziehen konnte und es von diesem Erlebnis an ablehnte, mit mir hinauszufahren. Ich habe meine Entscheidung trotzdem nicht bereut.

Komischerweise kam mir immer, wenn ich Simba sah, ja, selbst wenn ich nur an ihn dachte, zugleich auch Fritz in den Sinn. Den Quatsch mit der Umwandlung glaubte ich selbstverständlich nicht, bedauerte allerdings, daß ich diesen Sonderling, der wenige Jahre vor meinem ersten Eintreffen in Ikoma gestorben war, nicht mehr persönlich kennengelernt hatte. Was mag in einem solchen Menschen alles vorgegangen sein?

Immer wenn ich hörte, daß man Simba gesehen hatte, selbst bei Benachrichtigungen über neue Schandtaten, freute ich mich vorrangig darüber, daß er noch am Leben war. Auf keinen Fall wollte ich selbst direkt oder indirekt durch einen Gast sein Ende besiegeln.

Doch erstens kommt es anders… und zweitens fuhr ich an einem sonnigen Julimorgen 1973 begleitet von Mwangangi in Richtung unsereres Camps. Mein Mitarbeiter Ingo B. hatte am Tag zuvor französische Safarigäste bekommen, die ich begrüßen wollte.

Seitwärts des Fahrweges sahen wir viele Geier zur Erde segeln. Ich nahm an, daß dort irgendein Aas liegen würde, was in einem derartig wildreichen Gebiet häufiger vorkommt. Da es nicht weit entfernt schien, stoppte ich den Wagen, griff nach meiner .458-Doppelbüchse und ging mit Mwangangi nachsehen. Nach einigen hundert Meter sahen wir, daß die Geier noch nicht wie angenommen auf einem Kadaver saßen, sondern erwartungsvoll auf den umstehenden dürren Bäumen und Büschen hockten. Dazu lungerten fünf Hyänen herum, die ebenso wie ihre Kollegen von der Luftüberwachung auf etwas zu warten schienen. Beim Näherkommen entdeckten wir schließlich den Anlaß ihres Rendezvous: einen einzelnen starken Löwen im dürren Busch.

Das Fernglas gab mir Gewißheit, es war mein alter Freund Simba. Doch irgendwas stimmte nicht mit ihm. Beim genaueren Hinsehen erkannte ich dann, daß er offenbar hinten gelähmt war, denn als er aus seiner Kauerstellung aufstehen wollte, blieb das nur ein Versuch, die Hinterläufe versagten den Dienst. Die verzweifelten Versuche des alten Simba, wieder hochzukommen, gingen mir durch Mark und Bein, und obwohl ich nie vorhatte, ihn zu schießen, gab es nun kein Zurück mehr. Ich konnte ihn unmöglich den wartenden Hyänen und Geiern überlassen und erlöste ihn mit einem sorgfältig gezielten Schuß.

Wenngleich notwendig, so erfüllte mich diese Pflicht mit großer Traurigkeit, genauso wie vor vielen Jahren, als ich meinen treuen krebskranken Hund erlösen mußte. Auch damals hatte ich zur Betäubung meiner Gefühle fast eine ganze Flasche Cognac allein ausgetrunken. Für die französischen Jagdgäste, die ich anschließend traf, war es allerdings mehr als verwunderlich, daß jemand, der gerade einen so prachtvollen Mähnenlöwen zur Strecke gebracht hatte, mit einer solchen Leidensmiene herumlief.

Die Untersuchung in Seronera am nächsten Tag ergab, daß Simba vermutlich in seiner Jugend bei einem der erbitterten Kämpfe um eine Löwin sehr schwer verletzt worden war. Er hatte eine alte Verknöcherung im Schultergelenk, die ihn daran hinderte zu schlagen. Vermutlich ging er deshalb jedem anderen Löwen – ob männlich oder weiblich – aus dem Wege und wurde zum bedingungslosen Einzelgänger.

Das Erbeuten von Wild muß sehr schwierig für ihn gewesen sein, und wenn ihn der Hunger zu sehr quälte, dann hatte er wahrscheinlich einen Viehkraal aufgesucht. Seine Behinderung war allerdings seinerzeit für Samuel lebensrettend gewesen, denn wenn ein Löwe richtig zuschlägt, dann ist es meistens um seinen Gegner geschehen.

Da ich eine gültige Abschußlizenz hatte, durfte ich seine Decke behalten. Allerdings konnte ich es nicht übers Herz bringen, ihn – als Rugmount oder Vorleger verarbeitet – auf den Boden zu legen und mit Füßen zu treten. Er sollte etwas erhöht postiert werden. Mein Freund Wolfgang Schenk, damals noch für die Firma Zimmermann in Nairobi tätig, hat ihn dann in gewohnt meisterlicher Manier in voller Lebensgröße, ein Zebra reißend, präpariert, was in diesem Falle richtig war, denn „mein Simba" konnte ja aufgrund seiner Verletzung einem Zebra nicht mit einem Schlage das Rückgrat brechen. Er mußte es anspringen.

Und so sitzt er noch immer oben auf dem Zebra. Wenn ich ihn ansehe, dann denke ich an die wildreichen sonnenüberfluteten Savannen Ikomas; denke an die vielen herrlichen Jagderlebnisse und manchmal auch an Fritz, den das Schicksal ebenso zu einem einsamen Einzelgänger werden ließ.

Sierra de Gredos

Heute ist die Jagd auf den Steinbock Spaniens, der eigentlich gar kein Steinbock ist, sondern den Turen zugeordnet werden muß, weltbekannt. Doch als ich mich beim spanischen Touristenministerium um einen Abschuß bewarb, war diese Wildart den meisten Jägern noch ziemlich ungeläufig. Es wurden nur wenige Abschüsse an Ausländer vergeben, die damals noch unvorstellbar preisgünstig waren.

Schon im zweiten Jahr meines Ersuchens war ich erfolgreich und hielt an einem kalten Februarmorgen voller Freude die Genehmigung in der Hand, daß ich zwischen dem 15. und 22. April im Staatsrevier Sierra de Gredos einen „Capra hispanica", also einen spanischen Steinbock erlegen durfte. Angefügt waren eine Menge Bestimmungen und Verordnungen, aus denen hervorging, daß nur Abschußböcke geschossen werden durften und keinesfalls ein Bock der Klasse Ia frei war.

Am langersehnten Tag der Abreise saß ich erwartungsvoll im brummenden Riesenvogel, der mich der spanischen Hauptstadt, seinem feurigen Wein und dem höchsten meiner Ziele, einem urigen Steinbock entgegentrug. Ich reiste einige Tage vor dem vereinbarten Jagdtermin nach Spanien, wollte ich doch zuerst einige alte Freunde, die ich noch aus meiner Zeit als aktiver Sportler kannte, in Madrid besuchen.

Herzlich begrüßte mich Simon am Flugplatz. Da er selbst kein Jäger war, konnte er nicht verstehen, daß ich nur einige Tage seine Gastfreundschaft in Anspruch nehmen wollte und es mich mit Macht in die kahlen Gredosberge zog. Mindestens eine Woche lang sollte ich sein Gast sein, und nur der Hinweis, daß ich mich in drei Tagen unwiderruflich im Revier melden müsse, da sonst mein Anrecht verfallen würde, überzeugte ihn von der Ernsthaftigkeit meiner Terminplanung.

Dies hatte zur Folge, daß er sein Wochenprogramm in nur drei Tage packte, und so wurde diese Zeit die Anstrengendste der ganzen Reise. Tagsüber Besichtigungen, der obligatorische Stierkampfbesuch, abends Einladungen mit nicht endenwollenden Tafelfreuden und anschließend Besuche typischer Zigeuner- und Flamenco-Lokale. Zum Schlafen kam ich in diesen drei Tagen kaum.

So fand der prachtvoll livrierte Chauffeur, der mich am Morgen meines vierten Tages in Madrid abholte, einen ungeduldig wartenden Jäger vor, der schnellstens der großen Stadt entfliehen wollte. Doch schon bald wurde aus dem spannungsfrohen Jäger ein bemitleidenswerter Kranker. War es der im Übermaß genossene Wein, das ungewohnte Olivenöl oder die holperigen Straßen? Jedenfalls mußte mein Fahrer oft anhalten. Von der herrlichen Gegend bekam ich kaum etwas mit, so sehr war ich mit meinem „Innenleben" beschäftigt. Doch auch diese Tortur hatte schließlich ein Ende.

Ich nehme an, wohl selten hat der Verwalter im staatlichen Parador einen derartig elend aussehenden Jäger begrüßt. Zudem mußte er mir gleich eröffnen, daß die geplante Jagd wegen des hohen Schnees nicht hier im Nordteil des Gredosgebirges stattfinden könne. Ich müsse deshalb um den Gebirgsstock herumfahren, um im Südteil, wo weniger Schnee läge, zu jagen. Doch könne ich diese Nacht hier bleiben. Seine Worte wirkten wie Balsam auf meinen ramponierten Körper.

Am nächsten Morgen ließ strahlender Sonnenschein die weißen Spitzen der Gredosberge hell aufleuchten, und nach zwei Fahrtstunden erreichten wir den vereinbarten Treffpunkt. Dort warteten zwei Jäger mit ihren Pferden auf mich. Nach kurzer Begrüßung stiegen wir auf die Braunen, und der Aufstieg begann.

Unwirklich blau wölbte sich der Himmel über uns, und ich hatte Zeit und Muße, vom Rücken meines Pferdes aus das Feld meiner kommenden jagdlichen Betätigung zu betrachten. Am Fuße des Gebirgsstockes breiteten sich sattgrüne Nadelwälder aus, die sich bis hinauf in die Hochtäler zogen. Die hohen Felswände waren kahl. Nur auf den Geröllfeldern zwischen den Felsbrocken wuchs spärliches Gras. Überall gurgelte das Schmelzwasser zu Tal, und geräuschvolle Wildbäche zeigten an, daß die Kraft der Aprilsonne den reichlichen Schnee zum Schmelzen brachte. Weit reichte der Blick in der klaren Gebirgsluft. Einige Geier segelten am blauen Himmel.

Nach vier Stunden hatten wir die idyllisch gelegene Jagdhütte erreicht. Freundliche Hirten, Schafe und Ziegen begrüßten uns. Nach einem ausgiebigen Mahl am Lagerfeuer griffen die Hirten zu ihren Gitarren, und bald erklangen feurige Weisen unter dem sternenübersäten Nachthimmel.

Leider hüllte am nächsten Morgen Nebel diese herrliche Kulisse in einen grauen undurchsichtigen Mantel. Wir aber stiegen unbekümmert auf und hofften darauf, daß die Sonne den Nebel aufsaugen würde. Doch vorerst betrug die Sicht kaum fünfzig Meter, und alles rann und troff vor Nässe.

Wir stiegen und hofften, daß sich irgendwann einmal ein Loch in dem eintönigen Nebelmeer zeigen würde, aber nichts dergleichen geschah. Nachdem sich auch nach der Mittagszeit keine Wetterbesserung durchgesetzt hatte, blieb uns nichts anderes übrig, als unverrichteter Dinge zurück zur Hütte zu marschieren, wo wir einen ruhigen Abend verbrachten.

Der zweite Jagdtag begann wie der erste, nur mit dem entscheidenden Unterschied, daß gegen Mittag ein leichter Wind aufkam, der in kurzer Zeit die Bühne vor uns blankfegte, so daß wir von hoher Warte aus mit unseren Ferngläsern die Gegend nach Steinwild absuchen konnten. Schon bald hatten wir das erste Rudel ausgemacht. Wenn sich dabei auch kein jagdbarer Bock befand, so hatte ich doch meine Freude an den lustigen Spielen, die das Jungwild hangauf und hangab trieb.

Wir pürschten zu einem anderen Auslug und sahen von dort aus im Abendlicht sechs jagdbare Böcke: Wahrlich ein majestätischer Anblick, wie diese alten Ritter der Berge, mit dicken Knoten an ihren massigen Schläuchen, einer hinter dem anderen langsam und bedächtig am Gegenhang über den Grat zogen. Die vorgerückte Stunde ließ ein Angehen nicht mehr zu, und so fieberte ich voller Spannung dem nächsten Jagdtag entgegen.

Diesmal weckten uns die Strahlen der frühen Morgensonne, und wir rüsteten uns sogleich für eine ausgedehnte Bergtour. Unser Ziel bildete das gegenüberliegende Massiv, in das die sechs Böcke gestern abend eingezogen waren. Der Weg bis dorthin gestaltete sich äußerst beschwerlich, doch wenn ein so lohnendes Ziel lockt, fallen alle Strapazen leicht, und schließlich hatten wir einen günstigen Platz erreicht, in dessen Nähe wir das Rudel vermuteten. Wir fanden die Böcke auch bald, doch sie standen leider an einer für uns ungünstigen Stelle, denn um in Schußnähe heranzukommen, mußten wir zuerst ein deckungsarmes Geröllfeld überqueren, und dann noch einen steilen Kamin durchklettern.

Piero, der Jagdleiter, wollte unbedingt warten, bis sich die Böcke niedergetan hatten. So mußten wir uns nahezu zwei Stunden gedulden. Als sie uns endlich diesen Gefallen getan hatten, durchquerten wir vorsichtig, jeden Felsblock als Deckung nutzend, das Geröllfeld. Ab und zu ein kurzer Blick: Ja, sie waren noch alle da und hatten auch noch keinerlei Verdacht geschöpft. Aber es lagen noch immer 500 Meter und der steile Kamin zwischen uns.

Piero, der Erfahrenste, stieg als erster hinab, ich in der Mitte und hinter mir der jüngere Vicente. Ein loser Stein, von Vicente ins Rollen gebracht, machte die sechs Bergkönige hoch. Einen Augenblick traten sie unruhig hin und her, dann ertönte ein gamsähnlicher Pfiff, und fort waren sie – während wir Jäger buchstäblich mit langen Gesichtern zwischen Himmel und Erde hingen.

Für uns ging es nun um die Frage, entweder zurück oder weiter nach unten. Wir entschlossen uns abzusteigen, und Piero hatte schon bald wieder sicheren Halt unter seinen Füßen, als ich urplötzlich abrutschte und einige Meter tief abstürzte. Ein Felsvorsprung fing mich auf, und ich schlug mit meinem Kinn hart auf einen Stein. Warm und klebrig lief das Blut den Hals hinunter, und ich war von dem Aufprall (und/oder dem Schreck) ganz benommen. Die beiden bergerfahrenen Jäger brachten mich in Sicherheit und wollten die Jagd für heute abbrechen, doch ich erhob mit Erfolg dagegen Einspruch.

An einem Bergbach wusch ich mir die verletzte Stelle aus, reinigte meine Kleider, und als sich die Wunde verkrustet hatte, stiegen wir in die Richtung, in die die Böcke abgesprungen waren, da sie uns nicht sonderlich beunruhigt zu sein schienen. Wir fanden sie auch recht schnell wieder und hatten zudem noch Glück: So ungünstig der erste Platz für uns gewesen war, so günstig lag ihr jetziger Standort.

Gedeckt durch einige große Steine, kamen wir bei gutem Wind rasch auf Schußentfernung (etwa 200 Meter) heran und hatten nach einigen getuschelten Worten uns für den zweiten von rechts entschieden, den massige Wülste und eine gute Auslage auszeichneten. Als ich mich gerade zum Schuß fertigmachen wollte, taten sich wie auf Kommando alle Böcke nieder.

Nun hieß es Warten, denn ich schieße ungern auf sitzendes Wild. Ruhig lag meine Büchse auf einem Stein, und ich richtete mich auf eine längere Geduldsprobe ein, als Piero dringend zum Schuß riet. Obwohl ich, wie gesagt, dies nicht gern auf niedergebettetes Wild tue, habe ich es mir andererseits angewöhnt, in fremden Ländern den Anweisungen meines Jagdführers zu folgen. So überwand ich meine Abneigung, zielte ruhig aufs Blatt und ließ fliegen.

Im Aufpeitschen des Schusses standen alle sechs Böcke auf den Läufen und flüchteten – augenscheinlich alle gesund – aus unserem Sichtfeld. Ich hatte wohl überschossen. Die pflichtgemäße Nachsuche am Anschuß bestätigte meine Vermutung. Wie war das möglich? Beruhte das auf meiner Abneigung, auf sitzendes Wild zu schießen? Hatte ein unbeachteter Grashalm vor meinem Lauf das Geschoß abgelenkt? Oder war die Anspannung nach dem vorangegangenen Sturz zu groß? Vielleicht hatte aber auch beim Sturz mein Zielfernrohr einen Schlag bekommen?

Jedenfalls machten meine Begleiter verständlicherweise enttäuschte Gesichter. Aus ihrer Sicht mußte ich mehr als ungünstig wirken. Was für ein Jagdgast! Erst stürzt er sich fast zu Tode und dann schießt er auf dieses leichte Ziel vorbei. Für heute lautete die Devise auf jeden Fall „Jagd vorbei".

Ich machte zur Sicherheit lediglich noch zwei Kontrollschüsse. Doch sowohl auf einhundert, als auch auf zweihundert Meter saßen beide Schüsse dort, wo sie sein sollten: Am Gewehr lag es also nicht. Niedergeschlagen und mit starken Kopfschmerzen kehrte ich in die Hütte zurück.

Der nächste Morgen sah uns schon zeitig unterwegs, wollten wir doch einen weit entfernten Revierteil aufsuchen. Wir fanden dort auch einige Rudel, doch bei diesen stand erfahrungsgemäß zu dieser Jahreszeit kein alter Bock. Wir hatten bereits mehrere Male unseren Ausguckplatz gewechselt, als Vicente gegen Mittag tief in einer Schlucht drei jagdbare Böcke entdeckte. Einer von ihnen schien trotz der weiten Entfernung sehr stark zu sein, und wir stiegen sofort in die Schlucht hinab.

Dies erfolgte dieses Mal extrem langsam, weil die Führer, gewitzt durch die gestrige Erfahrung, jeden auch nur annähernd schwierigen Platz umgingen. Vertraut ästen die Böcke im kargen Bewuchs. Kurze Zeit tuschelten die beiden Führer miteinander, dann blieb Vicente zurück, und ich pirschte mit Piero näher heran.

Wir waren etwa noch 180 Schritt von den Böcken entfernt, als der Starke unruhig wurde. Jetzt mußte es schnell gehen. In Ermangelung einer besseren Auflage hockte ich mich auf den Hosenboden, benutzte das Knie als Auflage für meine Waffe und suchte das Blatt des Steinbocks. Donnernd warf der Gegenhang das Echo des Schusses zurück. Mit einer Hochflucht quittierte der Kapitale die Kugel und brach zusammen.

Nach kurzer Wartezeit standen wir schon am Stück. Da ich mich nicht sattsehen konnte an der wuchtigen Trophäe und nur noch mit meiner Beute beschäftigt war, fiel mir zuerst auch nicht auf, daß die beiden Spanier gar nicht glücklich dreinschauten. Während sie das Packpferd herbeiholten, hatte ich Zeit, diesem edlen Wild die Totenwache zu halten. Nun endlich am Ziel, hatte ich keine Eile mehr und gab mich ganz dem Gefühl hin, einen meiner größten jagdlichen Wünsche erfüllt zu haben.

Glücklich marschierte ich zurück zur Hütte, vor uns schaukelte der starke Bock auf dem Rücken des Pferdes. An der Hütte wurde von irgendwoher ein Art Bandmaß hervorgezaubert, und endlich erfuhr ich den Grund, weshalb meine beiden Jäger so bedrückt herumschlichen. Das Gehörn meines Steinbockes übertraf bei weitem das erlaubte Maß, was nun erregte Diskussionen über die Folgen auslöste. Als ich meinen treuen Helfern jedoch versicherte, ich würde nicht, wie vorgesehen, über den Parador mit einem Taxi zurückreisen, sondern mit einem lokalen Überlandbus nach Madrid fahren und niemandem diesen Bock zeigen, hellten sich ihre Mienen endlich wieder auf.

Noch einen weiteren Tag blieb ich oben in den Bergen, und nachdem sich die Sorgen meiner Begleiter gelegt hatten, bereiteten sie mir ein eindrucksvolles Abschiedsfest. Unter Mithilfe des feurigen Weines und mehrerer Gitarren schlug unsere Stimmung bald hohe Wellen. Dunkelhäutige Bergler tanzten mit glutäugigen Schönen alte Hirtentänze, die sonst selten ein Tourist zu sehen bekommt. So nahm ich am folgenden Tag mit brummendem Schädel, doch voll schöner Erinnerungen Abschied von den herrlichen Gredosbergen und seinen sympatischen Bewohnern.

Das Packpferd brachte mich mit dem Gepäck und der Trophäe ins Tal, wo ich auf den Bus wartete. Nach einiger Zeit schnaufte ein altes omnibusähnliches Gefährt heran, in dem ein buntes Völkchen Platz genommen hatte. Als der Bus anhielt, stiegen alle Passagiere aus, unterhielten sich mit meinem Führer und bestaunten das Gehörn meines Steinbockes, das aus der Verpackung herausschaute, aber auch über mich, den Fremden, der von so weit angereist kam, um so einen Bock zu schießen, dessen Haupt nun mit ins ferne Deutschland reisen sollte.

Endlich ging es weiter, doch ich hätte eine Wette darauf abgeschlossen, Madrid in diesem altersschwachen Gefährt niemals zu erreichen. Bei jeder größeren Steigung mußten alle Passagiere aussteigen und einmal sogar mit vereinten Kräften schieben, um den Berg zu erklimmen. Auch auf der Weiterfahrt stand ich weiterhin im Mittelpunkt des Interesses. Kleine Kinder wurden mir vorgestellt, eine alte Frau bot mir hartgekochte Eier an, ich mußte saure Milch trinken und durfte auch den Ziegenkäse eines alten Hirten nicht verschmähen. Dazu reichte man mir Wein in einem Lederbeutel. Da es mir aber an Übung mangelte, lief zur allgemeinen Erheiterung ein Teil des Rotweins über mein Hemd.

Nachdem unter Mithilfe aller männlichen Insassen auch noch ein Radwechsel erfolgreich absolviert wurde, erreichten wir spätabends wunderbarerweise Madrid. Wie alte Freunde schieden alle Mitrei-senden voneinander. Von dort fuhr ich mit einem Taxi zu meinem Freunde Simon. Dessen Erstaunen war groß, als er sah, daß ich nur einen einzigen Bock erbeutet hatte. Er war davon ausgegangen, daß man mindestens ein Dutzend schießen würde, wenn man von so weit herkäme.

Mir aber reichte der eine, auch wenn ich ihn wegen seiner Stärke sozusagen „herausschmuggeln" mußte.

Der Schilfkönig

Wie viele Jäger wissen, gibt es in Afrika neben dem häufig vorkommenden Steppenwild einige Antilopenarten, für die man eine spezielle Safari ausrüsten muß, will man eine dieser seltenen Trophäen erbeuten. Neben dem scheuen Bongo in den dichten Wäldern trifft dies vor allem auf die Sumpfantilope, besser bekannt unter dem Namen Sitatunga, zu.

Diese Wildart ist über den ganzen afrikanischen Kontinent südlich der Sahara sporadisch verbreitet – von Westafrika zum Sudan bis hinunter nach Botswana. In Ostafrika kommt rund um den Viktoriasee das Insel-Sitatunga vor. In Kenia stand diese Antilopenart unter Naturschutz, in Tansania und Uganda hingegen durfte man sie bejagen.

Ein starker Sitatungabock stand ganz oben auf meiner Wunschliste, und da ich in Tansania die meisten meiner Jagdsafaris durchführte, lag es nahe, es am Viktoriasee zu versuchen, der von meinem damaligen Hauptjagdgebiet nicht allzuweit entfernt lag. In einer mehrwöchigen Pause zwischen den von mir geleiteten Safaris rüstete ich mich deshalb zur Jagd auf dieses Fabeltier.

Theoretisch hatte ich mich bestens auf diese Exkursion vorbereitet, hatte mit einigen Wildhütern gesprochen, die die Reviere genau kannten und mir auch eine Speziallizenz besorgt, um auf drei im See gelegenen Inseln jagen zu dürfen, von denen man im Game Department wußte, daß es dort Sitatungas gab. Ich erfuhr, daß bei einer kurz zuvor abgehaltenen Razzia sowohl Decken als auch Schädel frisch gewilderter Sitatungas beschlagnahmt worden waren. Man gab mir dazu halboffiziell den Rat, mich im besagten Dorf umzusehen und mir unter den dortigen Wilderern einen geeigneten Führer zu suchen.

Endlich war der Tag der Abfahrt gekommen. Sicher kennen die meisten Jäger das erhebende, frohe Vorgefühl, wenn es neuen, unbekannten Jagdgründen entgegen geht. Diejenigen können dann auch bestimmt mitfühlen, wie mir damals zumute war, als ich meinen hoffnungslos überladenen Geländewagen Richtung Viktoriasee steuerte.

Nach einem letzten Hallo beim für dieses Gebiet zuständigen Wildschutzbeamten ging es weiter Richtung Geita, auf einem Weg, den man beim besten Willen nicht mehr als Straße bezeichnen konnte. Der schnell hereinbrechende Abend nötigte uns, ein provisorisches Nachtlager aufzuschlagen. Lustig flackerte das Feuer, und die warme, vielstimmige afrikanischen Nacht verstärkte meine frohe, optimistische Erwartungshaltung, da nur noch wenige Kilometer bis zum See vor uns lagen.

Am nächsten Morgen brachen wir voller Ungeduld in der Frühe auf. Im Eingeborenendorf erhielt mein übergroßer Optimismus aber erst einmal einen empfindlichen Dämpfer, als man mir berichtete, daß es „Nzohe", wie das Sitatunga auf Suaheli genannt wird, in diesem Gebiet schon lange nicht mehr gäbe. Die beschlagnahmten Trophäen wären mit dem Boot von einer weit entfernten Insel herübergebracht worden. Ich war allerdings lange genug in Afrika, um zu wissen, daß ich mir durch solche Nachrichten nicht den Elan nehmen lassen durfte.

Ich wußte, daß Eile und Druck hier gar nichts halfen und wies meine Leute an, sich unter den Einheimischen gründlich umzusehen und zu versuchen, etwas über das Vorkommen von Sitatungas in Erfahrung zu bringen.

Es dauerte nur wenige Stunden, bis aus allen möglichen Winkeln Männer jedweder Altersgruppe herbeiströmten, um mir mitzuteilen, daß nur sie allein wüßten, wo es die von mir gesuchten Tiere gäbe. Wenn ich ihren überschwenglichen Worten Glauben schenken durfte, dann mußte es von Sitatungas nur so wimmeln. Nahezu alle erklärten, daß nur sie den speziellen Platz wüßten, wo dieses Wild in Mengen auftrete.

Einige von ihnen berichteten allen Ernstes, jeden Tag und jede Stunde wären die scheuen Antilopen zu sehen und dementsprechend leicht zu schießen. Ich sollte mich nur ihnen anvertrauen. Innerhalb einer Stunde würde ich zwischen zwanzig und dreißig Böcke in Anblick haben und bräuchte mir nur den besten herauszupicken.

Ich machte daraufhin eine Probe, indem ich aus meiner Brieftasche einige Erlegungsfotos aller möglichen Tiere herausholte. Den meisten von ihnen hielt ich das Foto eines Großen Kudus hin, worauf nahezu alle erklärten, ja, das wären die Tiere, doch hier seien sie noch größer.

Solche Leute fielen als Führer natürlich von vornherein aus. Ernster war da schon die Nachricht meines eigenen Fährtensuchers Mwangangi, der herausgefunden hatte, daß es einen ortsbekannten „Spezialisten" gäbe, der offensichtlich mit Erfolg unter anderem auch Sitatungas wildern würde. Leider aber stünde dieser im Moment nicht zur Verfügung, er würde in einer Hütte liegen und seinen Rausch ausschlafen.

Nacheinander trafen die restlichen Leute meiner Mannschaft ein, die im Wesentlichen die Nachricht von Mwangangi bestätigten. Also hieß es, erst einmal warten, bis der Lokalmatador wieder bei Sinnen war. Das ist bei einem Rausch, erzeugt durch eine Art selbstgebrauten Gins, nicht so leicht vorauszusagen. Dieses mit primitiven Mitteln hergestellte Gebräu hat einen extrem schwankenden Alkoholgehalt, der zwischen 10 und 80 Prozent liegen kann.

Nach einem weiteren Tag des Wartens erschien endlich der Held dieses Dorfes und erklärte sich nach einigem Hin und Her mürrisch bereit, mich auf eine der Nebeninseln zu bringen, wo es Sitatungas geben sollte. Mir gefiel seine Aussage, es würde nicht so einfach sein, zum Erfolg zu kommen, ebenso wie die Tatsache, daß er nicht von vornherein um einen hohen Tageslohn feilschte, sondern sich auf ein Erfolgshonorar für den Fall einer Erlegung mit mir einigte. Er sprach überhaupt nicht viel. Da ich ihn nicht kannte, wußte ich vorerst noch nicht, ob er von Natur aus so schweigsam war oder ob sein Kater ihn so redefaul machte.

Wer aber glaubt, es wäre nunmehr sofort losgegangen, der kennt Afrika und seinen Rhythmus schlecht, denn Buga, so hieß meine neueste Errungenschaft, mußte zuerst einmal Abschied nehmen von all seinen Freunden, Freundinnen, Ehefrauen, Nebenfrauen und Kindern.

Er tat dies so ausgiebig, als würde er in einen fernen Erdteil auswandern. In nahezu jeder Hütte hatte er irgendeine Nachricht zu hinterlassen. Hinzu kam noch, daß meine eigenen Leute inzwischen auch verschiedene Bekanntschaften gemacht hatten, von denen es sich zu verabschieden galt. Aber schließlich hatten wir doch alle und alles beisammen, und es konnte losgehen.

Dabei hatte mein Fahrzeug, sowieso schon überladen, nicht nur einen weiteren Mitarbeiter, sondern auch zwei junge Ziegenböcke und fünf Hühner als Ernährungsbeihilfe zu befördern. Nach kurzer, holperiger Fahrt kamen wir im eigentlichen Jagdgebiet an – einer Halbinsel in Form eines weit in den Viktoriasee hineinragenden Schilfgürtels. Aus dem Ried-, Schilf-, und Papyruslabyrinth ragten einige Landanschwemmungen heraus, die wie eine grüne Wiese aussahen. Wollte man sie jedoch betreten, sank man hoffnungslos ein.

Dieser Biotop roch regelrecht nach der scheuen Sumpfantilope. Durch einen Rundgang wollte ich mir einen Überblick verschaffen, um festzustellen, ob die Sitatungas aus dem Schilf heraus aufs feste Land zur Äsung ziehen. Dort wollte ich mich dann ansetzen, denn mit planlosem Herumplanschen im Wasser würde ich sicher nicht zum Erfolg kommen.

Auf einer sandigen Unterlage fand ich auch einige Trittsiegel. Sie sind unverwechselbar, denn keine andere Antilopenart besitzt derartig lange Schalen. Außerdem fand ich auch noch frische Losung. All dies versetzte mich wieder in Hochstimmung, und ich rechnete fest damit, in den nächsten Tagen die begehrte Trophäe in den Händen zu halten.

Drei Tage später war allerdings mein Hoffnungsbarometer beträchtlich gesunken, denn obwohl ich rund um die Uhr an allen aussichtsreich erscheinenden Plätzen angesessen hatte, beschränkte sich der Anblick auf wenige Reed- und einige Steinböckchen, aber vom Fabeltier Sitatunga keine Spur.

Ich wechselte daraufhin die Jagdmethode, und drang langsam und äußerst vorsichtig in das Papyrusdickicht ein. Aber auch diesen Versuch gab ich schnell wieder auf, denn es entstand dabei viel zu viel Lärm, und außerdem sank ich alle paar Meter bis über den Kopf in dem weichen Modder ein.

Deshalb hieß es, neue Plätze suchen und weiter ansitzen. Zusätzlich hatte ich auch noch meine beiden erfahrensten Leute mit dem einheimischen Buga an aussichtsreich erscheinenden Plätzen postiert, die mir Zeichen geben sollten für den Fall, daß sich ein Sitatungabock blicken ließe. Ich selbst saß also weiterhin den lieben langen Tag an, ließ mich vom Treiben der Vögel und der Insekten ablenken, erlebte das Ansteigen der Temperaturen und hing meinen Gedanken nach. Zufrieden machte mich das allerdings nicht, denn ich war nicht hierher gekommen, um die Zeit totzuschlagen, sondern um eine für mich neue Wildart zu erlegen. Doch die Zeichen dafür standen alles andere als gut.

Inzwischen waren nämlich weitere vier Tage ins Land gegangen, ohne daß sich etwas Entscheidendes ereignet hatte, wenn man vom Anblick einer einzelnen Sitatunga-Dame absah. Vielleicht würde es gelingen, mit einem floßähnlichen Gefährt in das Schilfdickicht einzudringen, um näher an den Lebensraum dieser scheuen Wasserantilopen heranzukommen. Buga kannte einen Einheimischen, der ein solches Gefährt besaß und der es uns auch überließ. So stakten wir als nächstes mehrere Tage ausgiebig aber erfolglos in dem Schilfgewirr herum.

Danach versuchten wir es mit dem Durchdrücken ganzer Gebiete.

Dazu mußte ich Ortskundige anheuern, denn meine Leute waren nicht geeignet, da sie den See und seine Gefahren nicht kannten. Es gab in diesem Bereich zwar keine Flußpferde und auch kaum Krokodile, doch man muß am Wasser aufgewachsen sein, um alle Tükken des Geländes zu kennen.

An einem strahlenden Morgen hatte ich unerklärlicherweise das Gefühl: Heute klappt es! Doch nachdem auch der siebte oder achte Schilfgürtel erfolglos durchgedrückt worden war, verflog diese Hoffnung schnell wieder. Zwar flüchteten neben Reedböcken auch einige weibliche Sitatungas heraus, der König des Schilfes blieb für mich jedoch nach wie vor unsichtbar. Was nützte es mir, wenn die Treiber übereinstimmend berichteten, sie hätten auch Böcke vorgehabt, diese aber leider bei mir nicht ankamen.

Sollte die Mär von der Tauchfähigkeit dieser Wildart doch wahr sein? Jedesmal hatte ich bei so einem Treiben bis an den Bauch im Wasser vorgestanden, umschwirrt von Mücken und Schnaken, zerstochen von Bremsen, die Beine voller Blutegel. Doch was macht man nicht alles, um seltenes Wild zu erlegen.

Nach drei Tagen gab ich auch diese Jagdart ziemlich niedergeschlagen auf und beschloß, es in einem anderen Gebiet zu versuchen. Denn hier hatten wir inzwischen wahrscheinlich auch die letzten Sitatungas vertrieben.

Am nächsten Morgen wanderte ich mit Mwangangi auf der Suche nach einem neuen Einstandsgebiet am See entlang. Wir waren etwa eine Stunde unterwegs, als wir auf einen Hirten trafen, der seine wenigen mageren Kühe und Ziegen um sich herum verstreut grasen ließ. Er lag in der Morgensonne und schlief. Wir weckten den Alten und versuchten mühsam, ein Gespräch in Gang zu bringen, um zu erfahren, ob er Sitatungas gesehen habe, als hinter uns sein Hund einige Male bellte.

Im gleichen Augenblick flüchtete ein dunkelbrauner langhaariger kapitaler Sitatungabock in weiten Fluchten mitten über die offene Wiesenfläche in Richtung See. Hinter ihm wetzte mit Jiff und Jaff eine kleine Promenadenmischung.

Ich hatte noch nicht einmal Zeit, meine Büchse von der Schulter zu nehmen und durchzurepetieren, als der Spuk schon vorbei war. Mein Herz schlug bis zum Halse. Zehn Tage des Sitzens, Wartens, Pürschens und Durchtreibens waren im Nu vergessen, diesen hier wollte ich unbedingt haben. Das Gelände schien mir übersichtlich genug zu sein und ich verkündete, mich am Abend in der Nähe anzusetzen.

Um es kurz zu machen: Ich saß drei weitere Tage ergebnislos an. Danach ließ ich die ganze Gegend durchdrücken, ging auch selbst mit der Treiberwehr. Wir drehten jeden Halm auf der Suche nach diesem Bock um, doch wir fanden ihn nicht.

Meine Zeit lief unwiderruflich ab, der letzte Tag brach an. Ich schoß einen Ducker für die Verpflegung. Niedergeschlagen, zerschunden und zerkratzt machte ich noch einen allerletzten Versuch. Danach entlohnte ich die Treiber, und wir bereiteten unsere Abreise am nächsten Morgen vor. Es sollte zeitig losgehen, deshalb verstauten wir alles bereits im Wagen, was wir an diesem Abend nicht mehr benötigten, hoben eine Grube aus, in die wir allen Abfall warfen, und deckten sie ab. Auch das Loch, das uns bisher als Toilette gedient hatte, wurde zugeschüttet.

Als die Sonne gerade hinter dem fernen Berghügel verschwand und die kurze afrikanische Dämmerung alles in ein violettes Licht tauchte, verspürte ich ein menschliches Rühren, griff nach meiner Büchse und verzog mich ins nahe Schilf.

Dort trat ich an einen vermoderten Baum und begann ganz gedankenverloren meine Hose aufzuknöpfen, als ich nach rechts schaute. Am Ende eines schmalen Kanals, keine fünfzig Schritte von mir entfernt, stand, halbspitz auf mich zu, ein kapitaler Sitatunga und äugte mich an.

Im ersten Moment glaubte ich zu träumen. Doch der Bock stampfte kurz mit einem Vorderlauf auf. Wie in Trance schlich meine Hand zum Gewehr, den Bock nicht aus den Augen lassend. Im Hochnehmen repetierte ich die unterladene Waffe durch. Laut wie ein Preßlufthammer traf das Geräusch auf mein Ohr. Doch noch immer stand der Bock. Endlich hatte ich die Waffe an der Schulter, faßte Ziel und zog durch.

Mit einer mächtigen Flucht tauchte der Bock im Schilf unter. Ich stellte die Waffe an den morschen Baum und atmete erst einmal tief durch, als auch schon zwei meiner Leute angelaufen kamen. Sie befürchteten wahrscheinlich, ich wäre mit dem Gewehr gestolpert oder befinde mich in Not. Wer weiß, was sie wohl gedacht haben mögen, als ich dort mit bleichem Gesicht und offener Hose stand und ihnen selber noch fast ungläubig mitteilte, ich hätte gerade einen starken Sitatungabock geschossen.

Die schnell hereinbrechende Dunkelheit zwang uns, sogleich zum Anschuß zu gehen. Dort lag, verendet mit einem tiefen Schuß, mein Schilfkönig im sumpfigen Brackwasser.

Die darauffolgende Hochstimmung im Lager können Sie sich

gewiß vorstellen. Unter meinen Leuten herrschte riesige Freude über diesen unerwarteten Erfolg und letztlich wohl auch über die fällige Extraprämie.

Für mich bestätigte sich einmal mehr der Spruch, daß auf der Jagd nichts unmöglich ist, und daß man bis zuallerletzt bereit sein muß, um eine sich bietende Chance doch noch zu nutzen. Weshalb ich allerdings meine Waffe mitnahm, als ich aus der Hose mußte, dafür habe ich bis heute noch keine Erklärung gefunden.

Simba auf Zebra – eine naturgetreue Präparation

Ein kapitales Triumvirat aus dem schwarzen Kontinent

Das Ganzpräparat zeigt eindrucksvoll die geballte Kraft des Büffels

Weite Wege waren zu den begehrenswerten Gemsen zurückzulegen...

... doch die guten Trophäen belohnten den unermüdlichen Einsatz

Breitmaulnashorn – dank erfolgreicher Hege in Südafrika bejagbar

Die Massaibraut brachte uns diesen prächtigen Kudu

cher und schauten bewundernd zu ihrem Vormann, der so mit dem Weißen aus der großen Stadt sprach.

Jetzt erwarteten alle hier, daß ich etwas Spektakuläres unternehmen würde. Doch ich hatte wenig Lust, in einem mir völlig unbekanntem Gebiet mich auf etwas einzulassen, dessen Folgen ich nicht überblicken und damit auch nicht abschätzen konnte. Wie weit war die Sicht, wie dicht der Busch dort unten? Gab es tatsächlich nur ein Rhino hier?

Allerdings durfte ich keinesfalls jetzt und hier zögernd oder gar unsicher erscheinen, und so sagte ich zu meinem Fährtensucher, einem alten erfahrenen Wakamba: „Tuende Mwoki, laß uns runtergehen." Der nickte nur, und wir schritten den ausgetretenen Fußweg hinab, der zum Wasser führte.

Der Weg war steinig und ausgetreten. Mwoki, der vor mir den staubig-roten Pfad hinunterging, blieb einmal stehen und fingerte eine kleine Blechbüchse aus seiner zerrissenen Khakihose, öffnete diese umständlich und griff zwischen Daumen und Zeigefinger eine Prise Schnupftabak heraus. Dabei sah er mich mit unbewegtem Gesicht an. Was mochte wohl in ihm vorgehen?

Wir wollten gerade weiterziehen, als wir hinter uns ein Geräusch hörten. Mwoki grinste geringschätzig und spuckte aus. Ich machte eine energische Kopfbewegung, mein Begleiter ging einige Schritte den Weg zurück und sprach mit den etwa 20 Neugierigen, die uns nachgeschlichen waren, um mitzuerleben, wie der große weiße Bwana das böse Nashorn auslöschen würde.

Mwoki aber machte ihnen klar, daß wir zwei ganz allein da unten im Busch sein wollten, ohne Jabula mit seinem Gewehr und ohne störende Zuschauer. Und während ich da stand und auf seine Rückkehr wartete, wurde mir endgültig klar, daß dies tatsächlich von hier an meine und Mwokis Angelegenheit sein würde. War es Angst, die da in mir aufstieg? Schon möglich, denn ein „Held" bin ich wahrhaftig nicht. Um jeden bissigen Hund mache ich einen weiten Bogen, und auf Rhinos fehlte mir damals noch die Erfahrung.

Zwei Nashörner hatte ich zuvor geschossen, allerdings eher bedauernswerte Geschöpfe. Das erste schleppte schon lange die Reste eines Weidezaunes mit sich herum, die es nicht wieder loswerden konnte, bei dem anderen handelte es sich um ein halbwüchsiges Jungtier, dem man die Mutter weggewildert hatte. Doch dies hier war etwas anderes. Ein alter Bulle, der jeden annahm, der sein Territorium betrat. Ich begann zu schwitzen. Mwoki kam zurück, und wir gingen weiter.

Wir durchwateten den Tana an der Viehdrift und fährteten das gegenüberliegende Ufer ab. Lange brauchten wir nicht zu suchen, dann fanden wir etwa eine Woche alte Abdrücke, die Visitenkarte eines großen einzelnen Bullen. Ich schwitzte immer noch. Flußaufwärts stießen wir auf weitere, frischere Trittsiegel. Wahrscheinlich stand unser Rivale höher. Mein Begleiter machte ein unglückliches Gesicht. „Ob er sich auch so elend fühlt wie ich", ging es mir durch den Sinn. Der Busch hier in Flußnähe war verdammt dicht.

Ich räusperte mich und blieb stehen. Mwoki schüttelte mißmutig den Kopf und prüfte dann den Wind. Er strich vom Hügel herunter. Daraufhin hockte sich Mwoki eine Zeitlang auf den Boden und ließ wie ein Kind Sand durch seine Finger laufen. Dann stand er auf und meinte, wir sollten zuerst mal auf den Hügel gehen, um einen besseren Überblick vom Gelände zu gewinnen. Mir war's recht.

Längst war die schwere Elefantenbüchse mit Vollmantelpatronen geladen, und in Gedanken versunken trottete ich hinter meinem Helfer her. Weshalb hatte ich nur diese Bedenken? Der Hügel war steil, und inzwischen schwitzten wir beide. Wir folgten einem alten Nashornwechsel. Er führte steil nach oben. Als wir endlich einen Aussichtspunkt erreicht hatten, hockten wir uns nieder: Ich auf einen Stein, den die Sonne schön aufgeheizt hatte, Mwoki in seiner üblichen Art mit angezogenen Beinen auf dem Boden.

Unter uns erstreckte sich der dichte Busch. Tauben gurrten, und ein Tukan ließ seinen langgezogenen melodischen Ruf erschallen. Wo mochte der Bulle jetzt wohl stecken? Eine Zeitlang hockten wir da und starrten nur stumm in den Busch hinab. Mwoki stand auf, nahm erneut eine Prise, spuckte gekonnt aus und bedeutete mir, er würde ganz nach oben gehen und sich umsehen. Ich sollte hier auf ihn warten. Ich nickte zustimmend.

Allein saß ich in der prallen Sonne und geriet ins Nachdenken. Was machte ich nur an diesem Ort? Weshalb saß ich hier in der afrikanischen Sonne und suchte ein Nashorn, das mir überhaupt nichts getan hatte? Irgendwie kam mir alles so nutzlos vor. Wenn ich diesen Auftrag hier gut ausführte, würde man mich wahrscheinlich zum Kinangop senden, um Büffel zu schießen, die des nachts in den Weizenfeldern zu Schaden gehen. Oder hinauf nach Rumuruti, um Löwen zu suchen und mit dem Tode zu bestrafen, weil sie sich auf das Reißen von Kühen spezialisiert hatten. Es stand zu erwarten, daß stets das herrliche Wild verlieren würde. Und ich war der Vollstrecker. Hatte ich das gewollt?

Afrika hatte mich angelockt, festgehalten und gefangen. Mit seinen

Simba-Chui dann gesehen. Urplötzlich sei er hinter einem dürren Baum aufgetaucht, hätte ihn voll Verachtung angeblickt und sei mit einer Riesenflucht in einem trockenen Bachbett verschwunden, bevor jemand die Waffe in Anschlag bringen konnte. Es wäre weder ein Löwe noch ein Leopard gewesen, wiederholte Mwangangi seine Beteuerungen.

Am Ort der letzten Tat konnte ich mich dann von der Größe der Spur überzeugen, die einerseits zwar Löwengröße besaß, andererseits jedoch eindeutig die runde Leopardenform aufwies. Mit Ansitzen am Luder ließ sich offensichtlich nichts erreichen, denn das Fabelwesen hatte seinen Riß ja in keinem einzigen Falle wieder aufgesucht. Mein Plan war es deshalb, seinen vermeintlichen Tageseinstand festzustellen, um ihn dort mit Hilfe von Treibern und Hunden herauszudrücken.

Doch leichter gesagt als getan, denn auf Johns riesiger Farm gab es viele Plätze, die sich als Tageseinstand sowohl für einen Löwen als auch für Leoparden geradezu anboten. Aufgrund der Rißstellen konzentrierte sich mein Verdacht aber auf drei in der Nähe gelegene Hügel, die ineinander übergingen. Hier müßten sich sowohl Leoparden als auch Löwen wohlfühlen.

Ideal wäre für unser Vorhaben eine gut eingejagte Hundemeute gewesen. Doch eine solche stand uns leider nicht zur Verfügung. Lediglich in Nanyuki am Fuße des Mt. Kenya unterhielt das Game Department eine Hundemeute für die Jagd auf Büffel. Sie kamen immer dann zum Einsatz, wenn man der Ansicht war, in den Bambuswäldern des Mt. Kenya gäbe es zu viele Wildrinder, so daß die Gefahr eines neuen Ausbruchs der Rinderpest bestehe. Vor einer solchen Seuche hatte man in einem Land, in dem Kühe häufig die Grundlage der Existenz bildeten, verständlicherweise eine Heidenangst. Gelegentlich wurden Kandidaten, die wegen einer Berufsjägerlizenz angefragt hatten, an diesen Büffeln unter Einsatz der Hundemeute getestet. An meinen eigenen Einsätze in diesem Gebiet denke ich noch heute mit Schaudern zurück.

Untrainierte Hunde lassen sich bei der Jagd auf Löwen und Leoparden nur bedingt verwenden. Zu groß ist ihr Respekt vor diesen Großkatzen. Also mußten Treiber herbei. Doch auch hier stießen wir auf unvorhergesehene Schwierigkeiten, denn alle Hirten und Viehtreiber hatten solche Angst vor dem Simba-Chui, daß einer nach dem anderen sich eine Ausrede einfallen ließ, um sich vor der geplanten Drückjagd zu „drücken". Wir benötigten für unser Vorhaben aber mindestens dreißig bis vierzig Helfer, wollten wir erfolgreich sein. Da kam John auf den glänzenden Einfall, einen Medizinmann einzuschalten.

Am nächsten Tag erschien ein abenteuerlich gekleideter runzeliger Mann. John ließ alle Farmarbeiter antreten. Ein aufgeregtes Gemurmel ging durch die Menge. Der Alte hockte sich am Feuer auf die Fersen und starrte bewegungslos eine Zeitlang in die Glut. Dann stand er plötzlich auf, spuckte in alle vier Himmelsrichtungen aus und erklärte, er habe gute Vorzeichen, doch zuerst müsse er essen und trinken. Schnell wurde ihm Posho und Bier gebracht, und viele Augenpaare beobachteten andächtig, wie er sein Mahl vertilgte. Sein enormer Appetit wurde als gutes Zeichen gedeutet.

Nachdem der alte Scharlatan laut schmatzend seine Mahlzeit beendet hatte, rülpste er laut und vernehmlich, hob seine Hand und erklärte seinen staunenden Zuhörern: Es handele sich bei dem Fabelwesen um einen Leoparden, in den der Geist eines toten Löwen gefahren sei. Diesen Geist habe er vorhin beschworen und er wäre aus dem Leoparden wieder herausgefahren, deshalb hätte es ihm auch so gut geschmeckt. Die Jagd auf den Leoparden könne in drei Tagen gefahrlos stattfinden, nicht früher und auch nicht später, nur dieser Tag würde uns Erfolg bringen.

Der weiße Jäger, dabei drehte er sich um und zeigte mit seinem knochigen Finger lange auf mich, werde den Leoparden mit einem einzigen Schuß auslöschen. Beifälliges Gemurmel begleitete diese Prophezeiung, und obwohl ich nicht abergläubig bin und den „Zauber" dieser Medizinmänner zur Genüge kenne, muß ich sagen, daß es mir in diesem Augenblick heiß und kalt den Rücken herunterlief. Der Blick des Alten besaß eine Ausstrahlung, der ich mich nicht entziehen konnte.

Nach Beendigung seiner Rede eilten zuerst einige, später aber alle zu dem Medizinmann, um sich eine spezielle Dawa, einen Talisman von ihm geben zu lassen. Es war dies jeweils ein Maiskorn, auf das der Alte vorher gespuckt hatte, um damit den unseligen Geist des Simba-Chui zu bannen.

Nun blieb uns nichts anderes übrig, als drei Tage zu warten, denn es hatte keinen Zweck, gegen den Rat des Medizinmannes mit der Jagd früher zu beginnen. Die drei Tage nutzte ich weidlich und schoß morgens und abends viele der schnellen Sandflughühner. Eigenartigerweise gab es innerhalb dieser Tage auch keine weiteren Viehverluste, so als würde sich sogar das Fabelwesen an die Prophezeihung des Alten halten.

Am vereinbarten Jagdtag sollten alle Hirten, Viehtreiber und

Hütejungen zum Haus des Verwalters kommen. Abenteuerlich gekleidet und mit vielerlei Gegenständen, wie Stöcken, Keulen, Haumessern, Speeren, Pangas und Trommeln bewaffnet, erschienen die meisten schon lange vor der festgelegten Zeit, und bald füllte sich der Platz vor dem Haus mit aufgeregt durcheinander palavernden Schwarzen. Es überraschte uns nicht weiter, daß alle gekommen waren, denn der Medizinmann hatte ihnen nicht nur jegliche Angst genommen. Außerdem winkte allen auch noch doppelter Lohn und für den Fall, daß die Jagd zum Erfolg führen würde, eine weitere Extraprämie.

So zogen wir endlich in großer Kolonne los. Meine Ermahnungen, leise anzugehen, erwiesen sich bei so vielen Menschen als völlig in den Wind gesprochen. Zu groß war die Erregung, dem sagenhaften Simba-Chui auf den Pelz zu rücken. An den bewußten Hügeln galt es, zunächst eine einigermaßen gerade Treiberlinie aufzubauen. John und ich stellten uns an geeignet erscheinenden Plätzen vor, und dann startete die Aktion mit Höllenlärm. Jeder versuchte, die eigene Angst durch lautes Schreien, Singen und Rufen zu übertönen. Ich stand still und harrte der Dinge, die da kommen sollten.

Aber es passierte nicht viel, zumindest glänzte der Gesuchte durch Abwesenheit. Eine Paviantruppe flüchtete mit viel Geschrei aus dem Dickicht, zwei Buschschweine rannten mich fast um, und in der Ferne machte sich ein Impalabock aus dem Staub. Das war aber auch alles. Ziemlich enttäuscht berichtete mir John, daß sich bei ihm überhaupt nichts getan hatte. Das Treiben hatte nahezu zwei Stunden gedauert, und inzwischen stand der heiße Sonnenball fast senkrecht am Himmel. Deshalb sollte es jetzt nach Hause gehen.

Mwangangi aber ließ nicht locker. Er hatte noch einen kleineren Hügel entdeckt, den er mit den Leuten unbedingt durchdrücken wollte. Trotz der Hitze starteten wir einen weiteren Versuch.

Ich fand einen günstigen Platz an einer Schlucht mit Blick auf ein trockenes Flußbett. Das Treiben hatte gerade erst begonnen, als zwei Frankoline auf mich zugestrichen kamen und kurz vor mir einfielen. Kurze Zeit später glaubte ich vor mir im Flußbett eine Bewegung gesehen zu haben und konzentrierte mich auf diese Stelle. Und urplötzlich – wie eine Erscheinung – verhoffte dort ein Leopard, nein, Löwe, nein, doch ein Leopard?!

Ich stand stocksteif da, und ein heißes Kribbeln kroch meinen Rücken hinauf, als die riesengroße Katze vor mir auf eine Blöße trat und sich rückwärts zur Ursache des Lärms hin orientierte. Da er seinen Kopf voll in diese Richtung drehte, bekam er nicht mit, wie ich vorsichtig in Anschlag ging. Mit aller Energie zwang ich mich zur Ruhe und setzte ihm auf höchstens fünfzig Schritte freihändig die .375 auf den Stich. Mit einer Riesenflucht brach er verendet zusammen.

Was sich danach abspielte, ist zwar für die Schilderung dieser Erlegung weniger wichtig, aber ich hatte allergrößte Mühe, meinen Leoparden zu schützen. Die Schwarzen veranstalteten einen Freudentanz, wollten sowohl mich als auch den Leoparden im Triumphzug herumtragen. Dagegen hätte ich normalerweise nichts einzuwenden, denn wann wird man schon mal als Held gefeiert und auf den Schild gehoben?

Doch jeder der Beteiligten wollte vom Leoparden auch ein Souvenir mit nach Hause nehmen. Ein Schnurrbarthaar, eine Kralle, oder ein Büschel Haare. Das mußte ich verhindern. Schließlich half die Autorität von John, der der allgemeinen Hysterie Einhalt gebot, mir die Unversehrtheit dieser einmaligen Trophäe zu sichern. Denn daß ich hier einen außergewöhnlich riesigen Leoparden gestreckt hatte, erkannte man sofort, dazu bedurfte es keines Bandmaßes.

Auch der Grund seines anomalen Verhaltens blieb uns nicht verborgen. Höchstwahrscheinlich hatte er schon einmal in einem Schlageisen festgehangen und eine Verkrüppelung der Vorderprante als schmerzhafte Erinnerung zurückbehalten. Diese Erfahrung hatte ihn sicherlich vorsichtig gemacht, so daß er grundsätzlich nicht wieder an seinen eigenen Riß zurückkehrte. Auch jagen konnte er mit dieser Verletzung kaum noch, deshalb erfolgte ganz zwangsläufig die Spezialisierung auf Kälber und Schafe. Verbunden mit seiner beschränkten Bewegungsfähigkeit mag das auch der Grund für seine außerordentliche Größe gewesen sein.

Jedenfalls erhielt seine Decke auf der Weltjagdausstellung in Budapest 1971 eine Goldmedaille mit 305 Punkten, der höchsten Bewertung, die ein afrikanischer Leopard weltweit bis dahin erhalten hatte.

Der stärkste Hirsch Ungarns

Was dem amerikanischen Jäger das Bergschaf, dem russischen Jäger der Bär, das ist für den deutschen Waidmann der Kronenhirsch. Als König der Wälder heiß begehrt und hochgeschätzt. Und ich bilde da keine Ausnahme. Allerdings sind mit der Erlegung eines Hochkapitalen meistens auch „kapitale Ausgaben" verbunden.

Da ich soviel für eine Trophäe nicht investieren konnte und wollte, schob ich den Wunsch, einen „Lebenshirsch" zu strecken, auf meine „alten Tage" hinaus, denn die Erlegung schien mir relativ leicht zu sein. Erst wenn ich nicht mehr auf die Berge steigen konnte, tagelang hinter einer Elefantenfährte herlaufen oder die Anstrengungen einer Nordlandjagd ertragen würde, dann wäre immer noch Zeit für eine solche Jagd, lautete mein Zwischenfazit.

Doch erstens kommt es anders und zweitens eines Tages mein alter Freund Andreas von Nagy zu mir mit der Frage: „Willst du den stärksten Hirsch Ungarns schießen?" Ich riß verwundert die Augen auf, denn diese Frage wurde mir nahe des Äquators im schwärzesten Afrika gestellt. Jedenfalls weit entfernt vom Hirschparadies Ungarn.

Er erklärte mir dann, daß der ungarische Landwirtschaftsminister demnächst nach Tansania käme. Grund sei eine Rundreise durch alle jagdlich interessanten Länder, die er auffordern wolle, an der bevorstehenden Weltjagdausstellung in seinem Land teilzunehmen. Und bei dieser Gelegenheit beabsichtige der Minister auch eine Jagdsafari zu unternehmen. Vom Staatspräsidenten Dr. Julius Nyerere werde er mit einer sogenannten Präsidentenlizenz ausgestattet, die ihn berechtigt, alle jagdbaren Wildarten zu erlegen, ohne dafür Abschußkosten zu entrichten.

Alle weiteren Ausgaben, wie Jagdführung, Unterkunft und Verpflegung, Geländewagen, Versorgung der Trophäen und was sonst noch alles zu einer Jagdsafari gehört, könne er sich als Vertreter eines devisenschwachen Staates nicht leisten. Er würde deshalb für eine einwöchige Safari in meinem Jagdparadies Ikoma den Abschuß des stärksten Hirsches Ungarns anbieten. Dieser Köder schwamm nicht unbehelligt an mir vorbei. Ich biß spontan an.

Zum vereinbarten Termin erschien der Minister in meinem Camp mit großem Gefolge. Leider sprach er neben seiner Muttersprache nur noch Russisch. Kein einziges Wort Englisch und auch kein

Deutsch. Aber im Camp konnten wir uns über seine mitgebrachte Dolmetscherin Diana gut verständigen, und draußen im Busch brauchten wir als Jäger nicht viele Worte.

Selbst für unser wildreiches Ikoma hatte er großen Dusel und außergewöhnlichen Anlauf: Wir erlegten in den wenigen Jagdtagen nicht nur 21 starke Trophäenträger, sondern hatten außer zwei Büffeln und einem Löwen mit riesiger Mähne auch einen Elefanten mit einem Stoßzahngewicht von 72 Pfund auf jeder Seite – für Ikoma, wo Elefanten nur als Wechselwild vorkamen, eine Ausnahme. Auch unter den erlegten Antilopen befanden sich einige herausragende Kapitaltrophäen: Ein Impala der Weltspitzenklasse sowie eine hochkapitale Thomsongazelle.

Als sich mein Gast am Ende der Safari überglücklich verabschiedete, bat er mich, nach Möglichkeit noch im selben Jahr zur Hirschbrunft ins Ungarland zu kommen. Er könne sich dann persönlich um mich kümmern, denn im darauffolgenden Jahr wären aufgrund der Ausstellung sehr viele Staatsgäste zu bewirten, dann hätte er kaum Zeit für mich. Da eine Europareise meinerseits sowieso fest eingeplant war, sagte ich zu und freute mich darauf, wieder einmal das Röhren der Hirsche zu hören. Außerdem wußte ich, daß ich meinem Vater, einem Waidmann der alten Schule, keine größere Freude machen konnte, als ihn auf diese Reise mitzunehmen.

Am 1. September trafen wir beide also in Budapest an der schönen Donau ein. Im Interconti hatte der Minister eine Suite für uns reserviert, und wir durften die Gastfreundschaft der Magyaren in vollen Zügen genießen. Der Minister erschien, wieder mit Dolmetscherin, zum üppigen Abendessen. Der Klavierspieler klimperte angenehme Untermalungsweisen, und unsere Gespräche drehten sich entweder um die Ministersafari, über die er inzwischen ein Buch geschrieben hatte, oder die bevorstehende Hirschjagd.

Das Revier Sellye in Südungarn wäre für mich reserviert, von dem ich wußte, daß dort jedes Jahr Hirsche mit sehr hohen Geweihgewichten erlegt wurden. Allerdings fiel mir auf, daß während unserer Konversation nie von einem Goldmedaillenhirsch, geschweige denn vom stärksten Hirsch Ungarns gesprochen wurde.

Der Minister händigte mir vor seinem Abschied seine persönliche Waffe, einen Repetierer im Kaliber 8 x 57 IRS und 20 Teilmantelpatronen aus, wünschte mir Waidmannsheil und verschwand. Jäger Toni, der beim Tansaniabesuch zum Gefolge gehört hatte und der fließend Deutsch sprach, sollte uns nach Sellye begleiten.

Als ich Toni unten an der Hotelbar noch auf einen Drink traf und

ihm meine Bedenken hinsichtlich der Nichterwähnung eines Hochkapitalen mitteilte, zerstreute er meine Bedenken mit den Worten:
„Weshalb glaubst du, sollen wir in Sellye jagen? Doch nicht um einen Normalhirschen zu erlegen. Dafür brauchten wir nicht bis hinunter ins Dreiländereck, wo es die stärksten Hirsche gibt." Nach diesen Worten ging ich beruhigt schlafen, denn am nächsten Tag wollten
wir zeitig starten.

Der Revierverwalter erwartete uns im Gästehaus und berichtete,
die Hirsche hätten zu röhren begonnen. Doch bei dem langen und
erregten Gespräch, daß er danach in Ungarisch mit dem sichtlich
aufgebrachten Toni führte, beschlich mich ein ungutes Gefühl. Und
richtig: Der gute Toni eröffnete mir niedergeschlagen, es wäre kein
A-Hirsch frei, ich dürfe nur einen B-Hirsch bis maximal 9 kg Geweihgewicht schießen. Die Kapitalen seien in diesem Jahr gesperrt.

Das war eine niederschmetternde Nachricht. Warum ich dafür in
das Spitzenrevier Sellye gebeten worden war, konnte mir niemand
erklären. Eine Lösung würde nur ein Gespräch mit dem Minister
bringen. Doch heute hatten wir Samstag, vor Montag war also an
eine Klärung nicht zu denken.

So ging ich erst einmal auf die Pirsch und ließ mir all jene Hirsche
zeigen, auf die ich den Finger krumm machen durfte. Sie waren
schwer zu finden. Dafür hatten wir jede Menge Kapitalhirsche vor,
und ich sah einige vielendige Geweihträger, die 12 kg und mehr
auf dem Kopf mit sich herumtrugen. Hatte ich anläßlich der Ministersafari bei den meisten Trophäen gesagt „Nicht stark genug" und war
auf die Suche nach Kapitaltrophäen gegangen, so mußte ich hier
meistens hören: „Zu stark für Sie". Ich empfand dies äußerst unfair,
hoffte aber auf Änderung am Montagmorgen.

Das Revier gefiel mir: Weide, Erle und Pappel, mit zusätzlichen
Baum- und Straucharten, die in den feuchten Niederungs- und
Überschwemmungswäldern gut gedeihen, gaben einen idealen
Biotop für „Auhirsche" ab. Das Gras stand hoch, und da überall
Wasser vorkam, wimmelte es nur so von Moskitos, Schnaken und
Mücken. Die Stangenhölzer waren in Quadrate eingeteilt. Die brei-
ten Wege, eher Gestelle, waren ganz offensichtlich kurz vor der
Hirschbrunft gemäht worden. An den Kreuzungen und Schnittpunk-
ten dieser Gestelle standen Kanzeln oder Hochsitze, von denen aus
es sich bequem jagen ließ.

Menschen begegnete man in diesen Feuchtwäldern nicht. Das
Rotwild hatte absolute Ruhe. Sie benahmen sich so vertraut, als lebten
sie in einem Wildpark. Besonders die brunftigen Hirsche waren von

einer „Dusseligkeit", wie ich es bei freilebenden Hirschen zuvor noch nie erlebt hatte.

Wir pirschten zu Fuß oder fuhren mit dem Pferdegespann im Schritt durch die Bestände. Besonders mein Vater genoß jeden Pirschgang, jede Stunde. Ich aber fieberte dem Montag entgegen. Endlich war es soweit. Wir verbrachten den ganzen langen Vormittag am Telefon, bis wir schließlich die Nachricht erhielten, der Genosse Minister ließe ausrichten, es ginge nicht anders, wenn kein A-Hirsch frei wäre, dürfe ich nur einen B-Hirschen schießen. Auch ein anderes Revier stünde leider nicht zur Verfügung.

Wäre ich allein gewesen, dann hätte ich auf der Stelle meine Sachen gepackt. Doch mein Vater, ein überaus gutmütiger und mehr als toleranter Zeitgenosse, bat mich, doch zu bleiben. Durfte ich die Bitte meines alten Herren, der mich jahrelang nicht gesehen hatte, abschlagen?

Hier im großen Wald, umgeben von kapitalen Hirschen, saßen wir nach der Frühpirsch meist mit einem Glas Wein in der warmen Septembersonne vor dem Jagdhaus, und um uns herum röhrten und orgelten die Hirsche. Außerdem hatte er keine Vorstellung von meinen besonderen Bemühungen, dem Minister zu Kapitaltrophäen zu verhelfen. So zwang ich mich, meinem Vater zuliebe zur Ruhe. Genießen konnte ich aber unser Hiersein nicht, dafür war die Enttäuschung doch zu groß.

Inzwischen hatte mich beim Anblick dieser gewaltigen Geweihe das Hirschfieber gepackt, und ich sagte mir: „Jetzt bist du mal hier in diesem Hirschparadies. Mach das Beste draus und versuche alles, doch noch zu einem Super-Geweihträger zu kommen, selbst wenn du den Unterschied zwischen dem Erlaubten und dem Erträumten aus eigener Tasche drauflegst, denn Kapitalhirsche schienen mir nur dann möglich zu sein, wenn Devisen fließen würden. Jeder, der die Preisprogression kennt, die besonders ab einem Geweihgewicht von 10 kg beginnt, weiß, wovon ich spreche. Also wieder mal einige lange Telefonstunden mit dem Bescheid: geht nicht, nur ein B-Hirsch.

Jetzt reichte es mir, und ich begann zu packen. Mein Vater saß auf seinem Bett und sah mir traurig zu, machte aber selbst keinerlei Anstalten, die eigenen Dinge zusammenzutragen. Stumm ging er aus dem Zimmer, und ich hörte ihn durchs offene Fenster Toni fragen, ob er allein noch einige Tage im Revier bleiben dürfe und ob es möglich sei, einen Leihwagen zu mieten. Nein, das konnte und durfte ich meinem Vater nicht antun, so ungerecht ich mich auch behandelt fühlte. Ich packte alles wieder aus und beschloß, einen alten zurückgesetzten, vielleicht sogar abnormen Hirsch zu finden, der in die erlaubte Kategorie fiel.

Meine Einstellung änderte sich, als ich mir sagte: „Betrachte es als Urlaub mit deinem lieben Vater." Und wahrhaftig, wir beide genossen von da an jede Stunde der noch verbleibenden Tage. Frühmorgens und abends zogen wir mit dem Jagdleiter auf die Pirsch. Über Mittag saßen wir bei unserem Schoppen und diskutierten. Bei einem solchen Gespräch meinte mein Vater:

„Ich kann mir nicht vorstellen, daß sich der Minister bei diesem Handel wohlfühlt. Ich habe das Gefühl, da ist etwas schiefgelaufen. Entweder hat euer Mittelsmann unten in Afrika nicht die Wahrheit gesagt und der stärkste Hirsch Ungarns war zu keiner Zeit für dich vorgesehen oder ihm sind die Hände gebunden."

Doch ich erinnerte mich gut daran, daß wir während der Safari darüber gesprochen hatten, wie stark die Ungarnhirsche in den letzten Jahren geworden waren und daß ich bei meinem Besuch ja einen solchen Riesenhirsch erlegen dürfte. Mein Vater meinte abschließend dazu: „So ein Minister ist schließlich auch der Vertreter seines Staates und wenn er jetzt – aus welchen Gründen auch immer – sein Versprechen nicht halten kann, dann wird er, oder sein Staat, dich vermutlich irgendwann wieder einladen".

Das wollte ich gerne glauben und ging auf die Suche nach einem „besonderen" Hirsch.

An einem herrlichen Brunftmorgen fand ich einen ungeraden Sechzehnender, der den Vorgaben zu entsprechen schien. Er saß knörend im Brunftbett und hatte einige Stücke Kahlwild um sich. Ich ging ihn schreiend an, wütend antwortete er, stand auf und schlug wild um sich, daß es nur so fetzte. Ich antwortete mit dem Sprengruf und brach einen Ast. Das war zuviel. Wie eine Lokomotive kam er angebraust, und ich setzte ihm auf 30 Schritte die Kugel auf den Stich.

Jetzt hängt sein Geweih an meiner Jägerwand unter den anderen Hirschen. Vom stärksten Hirsch Ungarns ist er soweit entfernt wie ein Dackel von einem Hannoveraner. Doch immer wenn ich ihn anschaue, denke ich an die Jagdtage mit meinem inzwischen verstorbenen Vater zurück. Eine erneute Einladung aus Ungarn – wie jeder wohl ahnt – ist allerdings bis heute nicht eingetroffen.

Das rotweißgestreifte Phantom

Jeder, der sich für afrikanisches Wild interessiert, hat schon vom Bongo gehört, dieser sagenhaften Großantilope, die im dichten Unterwuchs lebt. Über die Erlegung eines solchen „Waldphantoms" durften sich allerdings nur wenige Jäger freuen.

Obwohl die Biologen meinen, alle Bongos wären in einer einzigen Art unterzubringen, unterscheiden die Trophäenlisten zwischen dem Flachlandbongo und dem Bergbongo. Der letztere findet sich in drei Bergwaldmassiven Kenias. Seine Erlegung gilt als besonders schwierig. Kein Wunder, daß mich eine Jagd auf ihn ganz besonders reizte, zumal diese Wildart auch noch eine außerordentlich imposante Trophäe trägt.

Mein Enthusiasmus bekam aber zuerst einmal einen wirksamen Dämpfer, als ich zu Beginn meiner Berufsjägerlehrzeit in Kenia einen Gast zu führen hatte, der nur einen Bongo und nichts anderes als einen Bongo erlegen wollte. Eine Safarifirma hatte unglücklicherweise gerade mich beauftragt, diesen Gast in den immergrünen Bergwäldern der Aberdares auf Bongos zu führen.

Mein Gast hatte zuvor schon drei Afrikasafaris gemacht und dabei das wichtigste Steppenwild erlegt. Jetzt interessierte ihn nur noch so ein rotweißgestreiftes Waldphantom, und ich sollte, nein, mußte ihm dazu verhelfen.

Es war März, in Kenia normalerweise die trockenste Periode, kurz vor Einsetzen der großen Regenzeit. Doch in jenem Jahr kam der Regen früher, und es goß auf dieser Safari jeden Tag – kein Dauerregen wie man ihn als Tropenregen in Büchern und Filmen präsentiert bekommt, sondern schwere Gewitter, die den Waldboden in Morast verwandeln und alle Pfade zu schlüpfrigen Schlammwegen werden lassen. Der Nebel im nassen, ständig tropfenden Busch lichtete sich höchstens einmal kurz vor dem nächsten Guß.

Auf jeder Jagdsafari wird versucht, dem Gast eine gewisse Bequemlichkeit zu bieten. Bei einer Bergbongojagd ist dies nicht möglich, denn es wird meist ein Fly-Camp errichtet. Auf Kühlschrank, Speisezelt oder sonstige Annehmlichkeiten muß verzichtet werden. Eine solche Zweckunterkunft kann ganz romantisch sein, weil man sich in ursprünglicher Landschaft nahe am Ort des Geschehens aufhält. Weitere Vorteile: Ein solches Lager läßt sich schnell abbauen und verlegen, man braucht das Fahrzeug kaum, kann vom Camp aus Pirschen, und abends am Lagerfeuer vermißt man den Komfort einer großen luxuriösen Unterkunft eigentlich auch nicht.

Doch wenn es ständig regnet, die wenigen mitgebrachten Kleider nicht mehr trocken werden, weil das Feuer nur noch glimmt und beißenden Rauch verbreitet, dann vergehen die Freuden einer solchen Safari sehr schnell; vor allem, wenn auch noch der Jagderfolg ausbleibt.

Mein Gast gehörte zur Gilde der erfolgreichen „Ellenbogenmänner". Die damit verbundenen Eigenschaften hatten ihm beim Aufbau seiner Anwaltskanzlei in New York sicher sehr geholfen, im triefenden Regenwald der Aberdares und auf engstem Raum mit anderen störten diese Charakterzüge jedoch gewaltig.

Normalerweise nagen selten Zweifel oder gar Minderwertigkeitsgefühle an meinem Innenleben, doch bei dieser Safari lief von Anfang an nichts normal. Weder das Wetter, noch mein Gast ließen sich in übliche Kategorien einstufen, dazu kam für mich als weitere Erschwernis das unbekannte Terrain.

Einerseits mußte ich Erfolg haben, denn die Safarifirma sollte meine Zulassung als vollizenzierter Jagdführer befürworten; andererseits hatte mich gerade dieses Unternehmen als „Bongospezialisten" verkauft und mich zum Lügen verpflichtet. Ich mußte dabei bleiben, daß ich selbst drei Bongos erlegt hatte und in den letzten zwei Jahren mit Gästen auf vierzehn Bongos erfolgreich gewesen war. Dabei hielt ich mich noch keine zwei Jahre im Land auf und hatte zuvor noch keinen einzigen lebenden Bongo in freier Wildbahn gesehen.

Doch es half nichts, ich mußte bei dem bleiben, was die Safarifirma ihrem Klienten untergeschoben hatte. Wäre mein Englisch damals perfekter gewesen, dann hätte mein Gast wahrscheinlich bald herausgefunden, daß Bongos zuvor nur in meinen Träumen eine Rolle gespielt hatten. So beschränkte sich unsere Unterhaltung auf das Notwendigste.

Jeden Tag brachen wir mit dem allerersten Licht auf und saßen an aussichtsreich erscheinenden Stellen an. Am späten Vormittag kehrten wir zum Essen ins Camp zurück, und nachmittags hockten wir uns bis zur Dunkelheit an eine Salzlecke. Nach einer Woche befand sich die Stimmung auf dem Nullpunkt, außerdem hatten sich aufgrund der andauernden Nässe alle an dieser Safari beteiligten Menschen mehr oder weniger stark erkältet.

Wir wurden von ständigen Kopfschmerzen geplagt, das Essen schmeckte nicht mehr, und eine Wetterbesserung stand auch nicht in Sicht. Im Gegenteil, die Regenschauer wurden häufiger und dauerten länger. Jeder vernünftige Mensch hätte die Aktion abgebrochen, doch Jäger sind ja in vielen Dingen nicht mit rationalen Maßstäben zu erfassen, was wohl auch zu dem Begriff des „Jäger unverdrossen" geführt haben mag.

Es mußte etwa geschehen. Mein Gast wollte unbedingt dorthin, wo ich meinen letzten Bongo geschossen hatte. Eigentlich hätten wir dazu auf den Mond gemußt, doch ich fand einen geeignet erscheinenden Platz, und wir zogen mit dem Lager um.

Die erste Pirsch begann ermutigend, denn wir fanden schon bald eine frische, im weichen Boden sich gut abzeichnende Bongofährte, der wir vorsichtig folgten. Der Wind küselte zwar, doch wir hielten beharrlich die Fährte. Als wieder einmal dichter Nebel über uns hereinbrach, bedeutete uns der Spurenleser, das Wild sei direkt vor uns, er könne es hören.

Und tatsächlich, als wieder einmal eine frische Brise unseren Nacken streifte, brach vor uns ein schwerer Wildkörper ungesehen davon. Enttäuschte Gesichter bei allen Beteiligten. Ich nehme allerdings an, wir waren keinem Bongo, sondern einem Riesenwaldschwein gefolgt, denn ich hatten bei den Abdrücken Afterklauen entdeckt, die sich bei einer Bongofährte selbst in der Flucht nicht so ausgeprägt abzeichnen.

Wir hätten während dieser Zeit durchaus auf andere Wildarten Erfolg haben können, denn neben zwei Duckerarten kamen noch kapitale Buschböcke, Büffel, Elefanten, Nashörner und Riesenwaldschweine vor. Sogar Elenantilopen fanden wir eines Tages auf einem baumlosen Höhenrücken, der mit einer Art Heidekraut bewachsen war. Doch mein Gast beharrte auf einem Bongo und verschwendete keinen Blick auf anderes Wild.

Sein Maulen mehrte sich, je länger der Erfolg ausblieb: Kein Wunder, daß es keine Bongos mehr gäbe, wo ich in den letzten Jahren schon so viele geschossen hätte!

Eines Morgens wurde er gefährlich ruhig und sachlich. Da wir so nicht vorankämen, sollte ich Alternativ-Vorschläge machen. Meinen Einwand, daß der mittlerweile verbrachte Zeitraum von zehn Tagen für eine Bongojagd auch bei gutem Wetter nicht außergewöhnlich sei, konnte ich mir sparen. Gerade jene Jagdgäste, die vor einer Safari beteuern, es würde ihnen nichts ausmachen, zwei bis drei Wochen hinter einer besonders schwierigen Wildart herzulaufen, verlieren schnell den Mut, wenn der Jagderfolg sich nicht innerhalb weniger Tage einstellt.

Bei Gesprächen mit den Einheimischen hatte ich erfahren, daß sie gelegentlich Bongos mit Hunden bejagen und auch bekommen, da sich die scheue Antilope den Hunden stellt. In meiner Ausweglosigkeit wollte ich dies ausprobieren, obwohl das Jagdgesetz den Einsatz von Hunden verbot.

Doch wie so oft in Afrika – wenn man der Sache auf den Grund geht, ist häufig nichts dahinter. Die drei dürren Schenziköter, die aufgetrieben werden konnten, taugten absolut nichts. Auf einer frischen einzelnen Fährte angesetzt, faselten sie herum und verfolgten schließlich mit Jiff und Jaff einen Ducker, den sie allerdings auch noch verloren.

Nun blieb nur noch der Einsatz von Treibern übrig. Ich versprach mir von Anfang an nichts von diesem Plan, doch mein Gast wollte nichts unversucht lassen. Also heuerte ich etwa fünfundzwanzig verwegen aussehende Dörfler an, die von einem ehemaligen Mau-Mau-Führer befehligt wurden. Ich nahm mit meinem Gast am einzigen Durchschlupf zum Gegenhang Aufstellung, und die Treiberwehr drückte das riesige Dickicht durch. Doch bei uns kam nichts. Zwei weitere Treiben verliefen ähnlich, mein Gast aber wollte unbedingt weitermachen. Nach zwei weiteren Tagen mußte auch er einsehen, daß sich auf diese Methode kein Bongo erlegen ließ. Wir gaben auf.

Es blieben uns noch vier Tage in denen wir es in einem neuen Gebiet noch einmal versuchen wollten. Also erneuter Umzug. Und wieder hockten wir an oder pirschten herum. Große Hoffnungen hatte ich nicht, doch am vorletzten Tag brach im ersten Morgengrauen ein größeres Stück auf kurze Distanz davon. Diesmal nicht, wie sonst üblich, bergab, sondern in Richtung eines Bergrückens, der offene Stellen aufwies. Zwei hellrote Bongoweibchen zeigten die weiße Innenseite ihrer buschigen Wedel. Als noch ein drittes Stück nachrückte, schoß mein Gast, obwohl kaum etwas zu sehen, geschweige denn anzusprechen war.

Doch mit seiner .375 hatte der Rechtsanwalt nicht nur weit, sondern auch genau geschossen. Jedenfalls fanden wir nach kurzer Nachsuche im strömenden Regen Schweiß und etwas später eine alte Bongokuh, mit „Regierungsblattschuß" ins Waidloch getroffen, verendet im Wundbett.

Gottseidank war sie weder führend noch tragend. Sie besaß eine herrliche Decke, und wenn auch ihr Gehörn keinen Vergleich mit dem eines Bullen aushielt, war es doch schön geschwungen mit langen elfenbeinfarbenen Spitzen. Mein Gast war wie immer überhaupt nicht zufrieden, obwohl er sich mit dem voreiligen Schuß selbst ins Unrecht gesetzt hatte.

Nach dieser Safari hatte ich zunächst einmal die Nase voll von der Bongojagd. Außerdem führte ich fast ausschließlich in Tansania Safaris, und dort gibt es diese Wildart nicht. Verständlicherweise drängte es mich wahrlich nicht, Jagdgäste auf Bongos zu führen, denn bei keiner vergleichbaren Wildart sind die Erfolgschancen derartig gering.

Allerdings hielt mich das nicht von dem Wunsch ab, selbst einmal einen starken Bongo zu erlegen. Immer kam im letzten Augenblick jedoch etwas dazwischen, wenn ich eine eigene Jagd auf diese scheuen Waldböcke plante. Doch im Frühjahr 1977 war es soweit, und ich schritt zur Tat.

In Frage kamen drei Bergzüge, in denen diese Wildart lebte: die Aberdares, der Mt. Kenya sowie das Mau Escarpment. Die meisten Erfolge stammten aus dem ersten Gebiet, weniger vom Kenya-Berg, und aus den Mau-Bergen waren nur einige Erlegungen bekannt. Allerdings wurden auch die meisten Bongojagden in den Aberdares durchgeführt, da am Mt. Kenya die allerbesten Jagdblocks gesperrt waren. Am Mau Escarpment reizte mich, daß es sich um ein nahezu unbejagtes Gebiet handelte. Lange Zeit wurde sogar angezweifelt, daß es in diesem Gebiet überhaupt Bongos gäbe. Deshalb wollte ich es dort versuchen.

Ich belud an einem heißen Märztag den Geländewagen mit dem Notwendigsten, nahm meine zwei besten Leute mit und brauste los. Die Wahl eines geeigneten lokalen Führers brachte die üblichen Schwierigkeiten. Nicht endenwollende Palaver, die meist mit der Zusicherung endeten, daß nur sie ein Gebiet kennen würden, in denen es von Bongos geradezu wimmelte. Ich hätte es nur zu gern geglaubt. Doch als wir auch am dritten Tage noch nicht einmal eine Fährte gefunden hatten, obwohl wir mit drei berufserfahrenen Jägern vom ersten Morgengrauen an bis zum Sonnenuntergang suchten, gab ich auf, sagte den schönen Mau-Bergen ade und fuhr zu Peter auf den Kinangop.

Wenn es jemanden gab, der mir zu einer Bongo-Erlegung verhelfen konnte, dann war es Peter, der berufsmäßige Bongo-Fänger. Er galt damals als der Spezialist auf dieses scheue Bergwild, hatte Speziallizenzen und kannte vor allem die besten Gebiete. Auf der Fahrt zu seinem Dorf ärgerte ich mich über meinen Starrsinn, nicht sofort zu ihm gegangen zu sein und hoffte, daß ich ihn überhaupt antreffen würde.

Die enorm gewachsenen Rotwildbestände in den Highlands...

...führten deutsche und schottische Jäger zusammen

Die mächtigen Hörner des Kifaru mkubwa

Ausschnitt der „Jösch-Abteilung", Tansania-Stand 1971 in Budapest

JÜRGEN JOESCH

Ungarns Landwirtschaftsminister genoß die Schätze Afrikas...

...doch der versprochene Gegenwert blieb sehr bescheiden

Dieser Bongo ist heute in einem Hamburger Museum zu bewundern

Ich hatte Glück, er war gerade dabei, seinen Hühnerbestand zu lichten. Mit meinen Leuten half ich, diese Arbeit, zu verkürzen. Wir durften keine Zeit verlieren, denn die Regenperiode stand vor der Tür. Mit vereinten Kräften hatten wir die Arbeit schnell hinter uns gebracht, und nur wenige Stunden später fuhren wir weiter. Wohin? Natürlich in die Aberdares.

Trotzdem vergingen weitere zwei Tage, bis mit der eigentlichen Jagd begonnen werden konnte. Solange dauerte es, bis alle Informationen eingeholt, alle Hundeführer, Fährtensucher und was weiß ich sonst noch beisammen waren. Endlich konnte ich meine .375 laden, und wir zogen zur ersten Pirsch aus.

Diesmal war es auf den Aberdares knochentrocken, für eine Bongojagd alles andere als ideal. Doch wir wollten weder pirschen noch ansitzen, sondern suchten die frischen Trittsiegel eines einzelnen Bongos. Waren diese gefunden, dann sollten die mitgebrachten Hunde auf der Fährte angesetzt werden, um das Wild aufzuspüren und zu stellen.

Leichter gesagt als getan. Doch wenn es der erfahrene Peter nicht schaffen würde, wer sonst sollte Erfolg haben? So warteten wir auf die Nachricht der drei ausgesandten Sucher. Nach etwa einer Stunde erscholl vom Bergrücken über uns der dreimalige Ruf des Colobusaffen, das vereinbarte Zeichen. Wir hasteten nach oben.

Bei diesem Anmarsch fabrizierten wir solchen Lärm, daß ich mir nicht vorstellen konnte, daß sich in der Nähe ein scheuer Bongo aufhalten würde. Die dürren Hunde wurden von ihren Stricken befreit, und los ging die Jagd. Zu allem Überfluß war einer der Hunde spurlaut. So war ich mehr als skeptisch, ob es diesen Shenzikötern gelingen würde, den Bongo zu stellen.

Der Ball der Hunde verlor sich schnell, doch die Hundeführer lauschten nach wie vor andächtig. Mit mir durfte man, was das Hören betraf, nicht rechnen. Zuviele Gäste hatten meine Schulter als Auflage benutzt und damit mein Gehör ziemlich geschädigt.

Tatsächlich, nach einigen stummen Warteminuten bedeutete mir Peter, wir müßten jetzt ran, so schnell wie eben möglich. Ich wußte, daß sich ein Bongo nicht lange von den Hunden halten läßt und bei der ersten sich bietenden Gelegenheit ausbricht. War ich mit dem Hören leicht gehandikapt, so konnte man dies vom Laufen nicht behaupten. Die vielen Jahre, die ich als aktiver Leistungssportler hart trainiert hatte, trugen jetzt gute Früchte.

Als wir näher heran waren, hörte auch ich die Hunde aus einem trockenen Bachbett herauf. Die Führer blieben jetzt zurück und nur

Peter und ich rückten schnell und so leise wie möglich näher. Kurz darauf schimmerte durch den Busch eine rote Decke. Noch einige vorsichtige Schritte, und dann sah ich, daß die Hunde einen männlichen Bongo gestellt hatten. Er kam mir sehr groß vor. Deshalb fakkelte ich auch nicht lange. Sobald ich sicher war, keinen der Hunde zu gefährden, schoß ich auf etwa sechzig Schritte schräg von oben. Die .375 riß den Bongo blitzartig von den Läufen.

Doch nach einigen Sekunden stand er schon wieder und walkte mehr als er flüchtete das Bachbett hinunter, die Hunde jetzt direkt an ihm, so daß keine Möglichkeit eines zweiten Schusses bestand. Doch nur wenige Augenblicke später brach er verendet zusammen. Seine Verfolger fielen über ihn her, zausten und beutelten ihn, daß ich um die Decke fürchtete und nach den Hundeführern rief, um diesem Spuk ein Ende zu bereiten.

Als wir an unsere Beute traten, brach keine überschwengliche Freude aus, denn vor uns lag ein junger, noch nicht voll ausgereifter Bulle. Sicher, ein Bongo, eine seltene und lang ersehnte Trophäe, doch meinen ersten und vermutlich einzigen hätte ich mir doch etwas größer, vor allem aber reifer gewünscht.

Auch Peter schien nicht glücklich und schüttelte stumm den Kopf. Später habe ich einige Male an diesen Augenblick gedacht und mich gefragt, ob ich nun doch unter die „Bandmaßjäger" einzuordnen sei, weil ich diese seltene Trophäe nur nach den fehlenden Zentimetern bewertete und mich nicht richtig darüber freuen konnte.

So ein Bandmaßjäger hatte ich nämlich nie werden wollen. Jeder Jagdführer, vor allem derjenige, der amerikanische Gäste führt, steht unter dem Druck, daß jeder erlegte Trophäenträger Rekordmaß aufweisen soll. Es zählt nicht die eigentliche Jagd, sondern nur die Länge der „Hörner". Nein, diese Einstellung habe ich nie geteilt. Es trieb mich stets hinaus, um zu jagen, das Wild zu belauschen, es anzupirschen, und wenn sich eine abschußnotwendige oder reife, alte Trophäe erbeuten ließ, dann bedeutete das für mich die größte Herausforderung.

Ich habe nie ein Hehl daraus gemacht, daß ich ein Trophäenjäger bin und daß mich eine kapitale Trophäe mehr freut als eine geringe. Wenn dieses „Überbleibsel" ins Rekordbuch kam, umso besser. Doch daß ich wegen einiger fehlender Zentimeter, Inches, Pfunde oder Pounds mich nicht über meine Beute freuen konnte, war mir bis zu dieser Bongoerlegung noch nicht vorgekommen.

Wahrscheinlich störte mich auch in dieser Situation weniger das leicht untermaßige Gehörn, als die Tatsache, daß es erstaunlich schnell, fast zu leicht gelungen war, die sonst so heimliche Antilope zu bekommen.

Peter hegte offensichtlich ähnliche Gefühle. Er schlug vor, wir sollten weiterjagen und einen „richtigen Bongo" erlegen. Dazu brauchte er mich nicht lange zu überreden, denn mir war längst klargeworden, daß ich mit ihm und seiner eingejagten Hundemeute eine nicht zu überbietende Chance hatte, einen stärkeren Bongo zur Strecke zu bringen.

Hätte das Wildhegeamt nicht erst vor einem Jahr die Bestimmungen geändert, wäre meine Bongojagd mit dieser Erlegung erfüllt gewesen und ich hätte meinen Rucksack packen können. Doch durch die neue Reglementierung war die Bongojagd nicht mehr an die persönliche Abschußlizenz gebunden, sondern von dem sogenannten „Bestandsplan" abhängig.

In diesem Jagdblock durfte jedoch nur ein männlicher Bongo erlegt werden. Wollten wir die Jagd fortsetzen, mußten wir ein anderes Gebiet buchen. Schließlich wollte ich unter keinen Umständen meine Jagdführerlizenz gefährden. Einige der sogenannten guten Freunde hätten sich riesig gefreut, etwas gegen mich in der Hand zu haben.

Zunächst schlugen wir unseren Bongo aus der Decke, um ihn für eine Ganzpräparation haltbar zu machen. Heute kann man ihn im Museum der Hansestadt Hamburg bewundern. Daraufhin brachen wir unser Notlager ab, und ich fuhr erst einmal nach Nairobi, um einen anderen Jagdblock mit einem guten Bongobestand zu reservieren. Das gelang.

In dem neuen Terrain lief, kroch und hetzte ich ganze sechs Tage ohne Erfolg herum. Dreimal hatten die Hunde einzelne – offensichlich männliche – Bongos gestellt, doch immer wieder brachen sie bei unserer Annäherung aus und ließen sich nicht wieder stellen. Beim letzten Versuch ging ich alleine an, doch als ich mich auf Schußnähe herangearbeitet hatte, machte sich auch dieser Bongo aus dem Staub, ohne daß ich nur ein einziges rotes Haar von ihm gesehen hatte.

Fünf Kilogramm Gewicht hatte ich bei dieser anstrengenden Jagd schon verloren, und auch die Hunde bestanden nur noch aus Haut und Knochen, obwohl sie aufgrund der vorangegangenen Erlegung soviel Fleisch wie wahrscheinlich nie zuvor vorgesetzt bekamen.

Der vierte Anlauf brachte endlich den erwünschten Erfolg: Ein dunkelroter alter Bongo stellte sich in einem dichten Busch, von den Hunden wütend verbellt. Ich lag keine dreißig Schritte vor diesem Busch auf dem Bauch, sah nur die Läufe der begehrenswerten Beute und versuchte, von unten eine Lücke zu erspähen. Endlich sah ich für einen Moment die gewaltige Trophäe, und heiß lief es mir über den Rücken. Diesen hier mußte ich haben.

Es war zum Verzweifeln, nur schemenhaft blitzte es ab und an rot durch den Busch. Da bewegte der Bock sich etwas zur Seite, und für den Bruchteil einer Sekunde sah ich seinen Vorschlag. Heraus war der Schuß. Der Bongo brach weg, gefolgt von den Hunden. Doch diese letzte Flucht ging nicht weit. Überglücklich stand ich wenig später vor einem alten Bongo mit dicken Schläuchen und langen elfenbein-weißen Hornspitzen.

Riesenfreude bei allen Beteiligten. Die Fährtensucher bekamen ihre Erfolgsprämie, die Hunde Extraportionen, und ich konnte mich an dieser stolzen Trophäe, der Erfüllung eines jahrelangen Jägertraumes, kaum sattsehen.

Drei Wochen später ging die Meldung durch die Weltpresse, daß Kenia die Jagdausübung mit sofortiger Wirkung verboten hatte.

124

Elefantenkrisis

Wie viele vor mir, hatte ich nicht vor, einen Elefanten zu erlegen, als ich zu meiner allerersten Safari aufbrach. Der Abschuß eines so großen Wildes schien mir zu einfach, das Tier nicht scheu genug, halbblind, menschenfreundlich, zähmbar, ein Zirkuswesen – all das waren Attribute, die wenig jagdliches Verlangen weckten.

In Afrika änderte sich meine Meinung schnell. Vor allem als ich die ersten Elefanten in freier Wildbahn sah: Sie paßten absolut in diese Landschaft und von Zahmheit und Zutraulichkeit wahrlich keine Spur. Da wurde schnell der Wunsch laut, einen guten Stoßzahnträger zu erbeuten. Es blieb dann auch nicht beim Wunsch. Nach einigen aufregenden Tagen lag ein 65pfünder auf der Strecke.

Seit diesen Tagen ist viel Wasser den Nil hinabgeflossen. Ich lernte die Jagd auf die grauen Riesen schätzen, ihre Strapazen und Unwägbarkeiten verfluchen. Ich sehnte mich oft danach, mal wieder hinter „einem großen Fuß" herzulaufen. War es dann endlich soweit, verwünschte ich meine Überpassion, die mich mal wieder an die unwirtlichsten Orte unserer schönen Erde verschlagen hatte.

Wenn ich zerkratzt von Dornen und Zweigen, zerstochen von Bremsen und Mücken, mit Blasen an den wundgelaufenen Füßen, von der Sonne verbrannt, hungrig und durstig wieder einmal ergebnislos durch den Busch zum weitentfernten Fahrzeug zurückwankte, nahm ich mir jedesmal vor, daß dies hier endgültig meine letzte Elefantenjagd gewesen sei.

Ich fragte mich: „Weshalb machst du Idiot das überhaupt noch? Riesenzähne gibt es sowieso nicht mehr. Du hast einen guten Hundertpfünder in deinem Jagdzimmer stehen, und ein von dir geschossener Kapitalelefant hängt an einer fremden Wand."

All jene Jagdreisen, die ich schon immer mal machen wollte und bisher vor mir hergeschoben hatte, wurden in einem solchen Augenblick ganz besonders dringlich und interessant: Argali in der Mongolei, Banteng in Indonesien, Jaguar im Gran Chaco, Wasserbüffel in Australien, Marco Polo auf Asiens Bergen. Immer dann fiel mir ein, was ich alles noch nicht erlegt hatte.

Doch kaum sprach oder telefonierte ich mit einem anderen Jäger, der gerade von einer erfolgreichen Elefantenjagd zurückgekommen war, gierte ich nach Informationen. Ich wollte alles genauestens wissen, und wenn es nur eine kleine Chance zu geben schien, dort einen guten Stoßzahnträger zu bekommen, wäre ich am liebsten sofort in dieses Gebiet aufgebrochen,

Doch auch das ist mittlerweile „Schnee von gestern". Denn inzwischen hat man den Elefanten als besonders gefährdet in den Anhang I des Washingtoner Artenschutzabkommens aufgenommen, und damit ist die Jagd auf ihn zumindest stark eingeschränkt. Es ist müßig, darüber zu diskutieren, daß Elefanten in ihrer Art keinesfalls gefährdet sind, daß es etwa zehnmal mehr Elefanten gibt als amerikanische Bisons, die als nicht-gefährdet eingestuft werden.

Als die eigentliche Elefantenjagd wird das Folgen auf der frischen Fährte gerühmt. Gelegentliche Begegnungen mit erlegungswürdigen Bullen kommen zwar vor, doch der Reiz einer echten Elefantenjagd liegt im „Folgen eines großen Fußes". Die Spur wird entweder an einem Wasserloch oder auf einem Sandweg (Piste) aufgenommen. Der Dung gibt Aufschluß, wie groß der Vorsprung des Wildes ist. Doch anstatt Sie hier mit trockener Theorie zu belehren, will ich Sie lieber auf eine Elefantenjagd mit Hindernissen mitnehmen:

Wir hatten gerade Regenzeit, die beste Zeit für die Jagd auf große Stoßzähne. Ein Kollege von mir, bei dem die Jagd mit Elefanten beginnt und auch bei dieser Wildart endet, hatte mich mit seinem Gerede um einen „Usho", einen Hundertpfünder, ganz verrückt gemacht – mit dem Erfolg, daß ich einwilligte, mit ihm auf eine spezielle Elefantenjagd zu gehen.

Speziell war in diesem Falle nur die Tatsache, daß sich zwei weiße Berufsjäger, die normalerweise zahlende Gastjäger auf einer Jagdsafari führen, diesmal selbst aufmachten, um mindestens je einen großen Elefantenbullen zu erlegen. Es handelte sich um meine erste „Privatjagd" mit einem Kollegen, und es wird wohl auch meine letzte bleiben.

Bill brachte in unser Unternehmen neben seinem Wissen über diese Wildart vor allem seine Kenntnisse über den Standort der ganz großen Bullen und seinen unübertrefflichen Fährtensucher Abakuna, einen Wata, ein. Ich stellte das Fahrzeug und vertraute auf meinen bewährten Mwangangi vom Stamme der Kamba.

Unsere Fahrt auf regenschlüpfriger Straße zu dem Verbindungsstück zwischen dem östlichen Teil des Tsavo und dem Tana-River verlief ohne besondere Vorkommnisse. Am Rande einer pittoresken Lugga errichteten wir unter hohen Bäumen ein einfaches, zweckmäßiges Fly-Camp.

Wir machten aus, daß einer die nahegelegenen Wasserlöcher nach großen Spuren absuchen und der andere mit dem Geländewagen den Weg vor dem Tanafluß abfahren sollte. Fand jemand eine große Spur, sollte er ihr zu Fuß folgen. Bill hatte für den ersten Tag das Los Tana River gezogen.

Ich, oder besser gesagt Mwangangi, fand am Thandala-Wasserloch die Fährte von drei alten Bullen, und wir marschierten los. Elefanten ziehen fast immer gegen den Wind. Der weiche Untergrund machte das Tracken leicht, und wir kamen gut voran. Gegen Mittag zogen die Bullen langsamer, verhielten öfter, und wir wußten, daß sie sich bald zur Mittagsrast unterstellen würden. Die Sonne stach infernalisch heiß vom Himmel, ein Abendgewitter aufbauend. Uns hielt die Hoffnung auf einen Riesenbullen auf der Fährte.

Endlich sahen wir am Rande einer kleinen Dickung die Bewegung eines Ohres. Ein Zeichen, daß sich die Herren zur Mittagsrast eingeschoben hatten. Jetzt, so nahe dem ersehnten Ziel, mußte ich mir Zeit lassen und mich zur Ruhe und Besonnenheit zwingen. Ständig den Wind beachtend und jede hastige Bewegung vermeidend, gingen wir die Ruhenden an.

Sie standen schlafend unter hohen Bäumen, fächelten sich mit ihren Riesenohren Kühlung zu und hatten keine Ahnung von der nahenden Gefahr. Alle drei waren jagdbar, mindestens 40 bis 50 Jahre alt, mit Stoßzahngewichten von über 70 Pfund je Zahn – selbst zur damaligen Zeit nicht mehr alltäglich. Doch wir wollten ja unbedingt einen Usho, einen Hundertpfünder. Deshalb blieb der Finger – zumal am ersten Tag – gerade.

Lange sog ich das Bild dieser drei Urweltriesen in mich hinein, bevor ich mich mit meinem Helfer auf den langen und mühevollen Heimweg machte. Erstaunlich wie kurz mir der Hinweg erschienen war. Hinter dem Wild, getrieben von der Hoffnung auf vor uns herziehender Beute, kommt jedem wirklichen Jäger die Pirsch spannend, erregend und selten lang vor. Wenn man das Wild verloren hat oder es sich als nicht jagdbar erweist, ist der Rückweg stets beschwerlich und kommt einem mindestens doppelt so lang vor.

Der Abend brachte das erwartete Gewitter mit gewaltigen Regenmassen, die das Feuer auslöschten, doch keinen Bill. Das ersehnte Motorengebrumm blieb aus. Müde und irritiert kroch ich schließlich unter mein Moskitonetz und schlief auch kurz darauf ein.

Bill weckte mich gegen Morgen. Er hatte in einem Schlammloch den Wagen festgefahren und war mit Abakuna den weiten Weg zurück ins Lager marschiert. Nachdem sich die beiden von ihren Strapazen einigermaßen erholt hatten, überlegten wir, was wir tun konnten. Das Fazit unserer Überlegungen: Nur alle zusammen würden wir das Fahrzeug wieder flott kriegen. Allerdings wollten wir erst am nächsten Tag aufbrechen, die beiden nächtlichen Wanderer brauchten dringend eine Ruhepause.

Ich ging derweilen mit Mwangangi einen „großen Fuß" suchen. Wir fanden aber nur eine mittlere Herde mit Kühen und Kälbern, ohne jagdbaren Bullen. Ich war allerdings nicht ganz bei der Sache, denn schließlich war es mein Wagen, den Bill irgendwo in den Graben gefahren hatte. Wer weiß, was in der Zwischenzeit damit geschehen war. Wir kehrten bald wieder zum Lager zurück, von dem wir nach kurzem Schlaf mitten in der Nacht aufbrachen.

Leider sollten meine schlimmsten Befürchtungen noch übertroffen werden, als wir nach vielen Wegstunden am Nachmittag das Auto erreichten: Sämtliche Reifen, einschließlich des Reserverades, waren aufgeschlitzt. Eingeborene hatten die Mäntel seitlich aufgeschnitten, um sich aus dem Profil Sandalen anzufertigen. Es war zum Auswachsen! Da saßen wir nun mitten in der Regenzeit, fernab jeglicher Zivilisation mit einem „amputierten Auto" tief im Schlamm ohne jegliche Chance, daß uns hier jemand heraushelfen könnte.

Ich hatte zwar schon gehört, daß Eingeborene an unbewachten Fahrzeugen die Reifen aufschneiden würden. Doch daß dies mir gerade in einer solch ausweglosen Situation passieren würde, hatte ich mir in meinen trübsten Gedanken nicht ausgemalt.

Die einzige Lösung in unserer Lage, Abakuna und Mwangangi mußten Hilfe holen. Wir machten uns auf eine lange Wartezeit gefaßt, denn bis zur nächsten größeren menschlichen Ansiedlung betrug die Distanz nahezu 200 Kilometer. Wir gruben zuerst einmal mit den Pangas den Wagen frei. Zu hungern brauchten wir nicht, denn Wasser gab es genug, und es gelang mir, einen jungen Gerenukbock zu schießen, der uns Wildbret für mehrere Tage lieferte.

Bill war nahezu am Durchdrehen. Er machte sich quälende Vorwürfe, meinen Wagen allein gelassen zu haben, und ging, um sich zu beschäftigen, auf Elefantenjagd. Doch auch hier schien nichts normal zu laufen, denn am Abend war Bill noch nicht zurück, und nun machte ich mir Gedanken und Vorwürfe, daß ich ihn hatte allein ziehen lassen. Doch andererseits war er ein erfahrener „Buschmann", länger in diesem Beruf als ich und außerdem in Kenia geboren.

Mitten in der Nacht kam er ins Lager zurück – müde, hungrig, verstört und wütend auf sich selbst. Er hatte zwei Spuren, davon eine sehr große, entdeckt und war ihnen gefolgt. Obwohl er seinen gewohnten Fährtensucher nicht dabeihatte, gab es keinerlei Probleme, in dem regenweichen Untergrund die Fährten zu halten.

Schon nach drei Stunden hatte er die beiden Elefanten in Ruhe äsend vor sich. Bei dem größeren handelte es sich tatsächlich um einen Usho, einen der begehrten Hundertpfünder.

Bis dahin war alles optimal verlaufen, doch plötzlich begann der Wind zu küseln, und es mußte schnell gehen, da der Alte schon etwas spitzgekriegt hatte. Auf den abziehenden Riesenbullen kam Bill hinter der Schulter ab. Einen zweiten Schuß konnte er nicht mehr anbringen, denn schon im nächsten Augenblick donnerte der jüngere Askari-Elefant wie eine Dampflokomotive heran, und Bill blieb nichts anderes übrig, als ihn mit dem zweiten Schuß seiner .470-Doppelbüchse zu stoppen.

Die Nachsuche auf den grauen Riesen hatte er erfolglos abbrechen müssen. Ohne seinen Fährtensucher wäre er bei einer solchen Arbeit nur die Hälfte wert, meinte der zerknirschte Bill. Wir warteten und hofften. Etwas anderes blieb uns nicht übrig. Meinen Wagen durften wir nicht mehr allein lassen, deshalb mußte ständig einer in der Nähe des Fahrzeugs bleiben. Selbst auf Elefantenjagd zu gehen, fiel ebenfalls aus, denn wenn wir den von Bill zuerst beschossenen starken Bullen finden würden, dann waren unsere beiden Lizenzen erfüllt. Für mich eine „tolle Jagd". Zuerst sitzt mein Wagen im Schlamm, dann werden die Reifen zerschnitten, und nun war auch noch meine Elefantenlizenz blockiert.

Doch wie nach Regen die Sonne scheint, löste sich auch diese so ausweglos scheinende Situation doch noch glücklich.

Die beiden treuen Helfer kamen nach etwa einer Woche zusammen mit einem indischen Händler in dessen Fahrzeug angezuckelt. Da sie neue Reifen mitgebracht hatten, war mein Wagen in einigen wenigen Stunden wieder flott, und Bill fand nach einer langen Suche dank der Genialität von Abakuna seinen Kapitalen. Er hatte 111 + 107 Pfund schwere Stoßzähne. Mit dem Verkauf des leichteren Zahnes ersetzte er mir die Reifen und die Reparatur. Ja, so wenig wurde damals für Elfenbein gezahlt.

Der in Notwehr geschossene junge Bulle trug kurze Zähne von etwa jeweils 45 Pfund und wurde nach Schilderung und Überprüfung des Falles als Notwehr, ohne Anrechnung auf die Abschußlizenz, anerkannt und seine Zähne eingezogen. Mir blieb neben der Erinnerung an diesen Trip und der daraus erhaltenen Lehre lediglich die Erkenntnis, zukünftig eine private Jagd besser alleine anzugehen.

Wie wichtig es ist, auf einer Elefantenjagd richtig bewaffnet zu sein, habe ich mehr als einmal erlebt. Der Streit um Doppelbüchse oder Repetierer ist uralt. Dabei liegt es klar auf der Hand, daß einer Doppelbüchse der Vorzug zu geben ist.

Es kommt dabei nicht einmal so sehr darauf an, daß der zweite Schuß schneller abgegeben werden kann. Dies wird aufgehoben von dem Vorteil, daß man bei einem Repetierer mehrere Schüsse zur Hand hat, bevor man nachladen muß. Der entscheidende Vorteil einer Doppelbüchse liegt woanders: Man hat praktisch zwei Systeme zur Hand, also zwei Läufe, zwei Schlagbolzen und meist auch zwei Abzüge. Dies kann lebensrettend sein, wie die nachfolgende Geschichte unterstreicht.

Es ist schon eine Zeitlang her, als ich ein kleines Häuschen am Fuße des Meru-Berges in Tansania bewohnte und von dort aus zu meinen Safaris aufbrach. Von einer längeren und anstrengenden Jagd gerade zurück, freute ich mich auf ein paar ruhige Tage, als ich von einigen schwarzen Wildhütern aufgesucht wurde. Der überbrachte Brief enthielt die Bitte, bei einem notwendigen Elefantendezimierungsabschuß behilflich zu sein.

Eine Elefantenherde, die Nacht für Nacht die Shambas (Eingeborenenfelder) der Umgebung aufsuchte, alles verwüstete und riesigen Schaden anrichtete, sollte vertrieben werden. Die Menschen, die von diesen Feldern lebten, waren verzweifelt und hätten das Wildhegeamt flehentlich um Hilfe gebeten. Der zuständige Jagdinspektor bat mich, die Aktion zu unterstützen. Nach Möglichkeit sollten zwei bis drei Elefanten erlegt werden, um dadurch die Herde zu veranlassen, sich einen anderen Einstand zu suchen.

Wir hatten inzwischen schon frühen Nachmittag, doch da es bis zum Schadensgebiet nicht weit war und weitere Verwüstungen in der kommenden Nacht unbedingt verhindert werden sollten, sagte ich zu, griff meine bewährte Großwildbüchse, steckte ausreichend Vollmantelpatronen ein, und wir brausten los.

Am Einsatzort sah man sofort, daß die Klage der einheimischen Bauern absolut berechtigt war. Die Dickhäuter hatten ein Feld der Verwüstung zurückgelassen. Mais- und Bohnenfelder waren förmlich plattgetrampelt und überall Maniokwurzeln ausgerissen. Hier blieb kaum noch etwas zu ernten.

Die Elefanten hatten ihren Tageseinstand in einem kleinen dichten Wäldchen inmitten unbegehbaren Sumpfes. Nur ein wenige Meter breiter Steg stellte die Verbindung zum festen Land her. Nach Inaugenscheinnahme stimmten sofort zwei der Game Scouts (Wildhüter) dafür, die Jagd zu verschieben.

Der eine meinte, es wäre heute schon viel zu spät und wir sollten die Jagd auf morgen verschieben, er spüre es ganz deutlich, morgen würde alles viel besser gelingen. Der andere gab sich noch dreister und behauptete, es wäre in jedem Falle nutzlos, denn sein Gewehr ginge meist nicht los und wenn, dann würde er absolut nichts treffen. Keine Frage, die beiden hatten Angst und waren für diesen Einsatz nicht zu gebrauchen.

Die Game Scouts benutzten alle betagte Repetierer im Kaliber .404, in Europa auch unter der Bezeichnung 10,7 x 68 bekannt. Ich führte meine bewährte Doppelbüchse im Kaliber .458 Winchester Magnum. Als randlose Hülse war diese Patrone eigentlich für den Einsatz aus Repetierern konzipiert. In dieser Waffe sorgten zwei kräftig dimensionierte Auszieherkrallen in Verbindung mit einem Ejektor für das Auswerfen der leeren Hülsen nach dem Schuß. Dadurch ließ sich dieses bewährte Großwildkaliber auch in einem Kipplaufsystem verwenden.

Gemeinsam mit Saidi Kawawa, dem einzigen zuverlässigen Helfer vor Ort, drang ich in den dichten Sumpfwald ein. Glücklicherweise wehte uns eine beständige Brise ins Gesicht. Schon bald hörten wir das typische Elefantenszenario: Ästeknacken und jenes Kollern, das fälschlicherweise meist als Magenkullern beschrieben wird. In Wirklichkeit wird dieses Geräusch aber in der Kehle der Elefanten erzeugt und dient der Verständigung untereinander.

Plötzlich teilten sich die Büsche vor uns, und ein jüngerer Bulle zog arglos äsend auf etwa 15 Schritte breit in eine Lücke. Das Blatt war nicht frei, doch auf diese kurze Entfernung bot er ein ideales Ziel für einen Gehirnschuß.

Ich ging sofort in Anschlag, das Korn suchte die bewußte Stelle, doch als ich den Abzug betätigte, geschah außer einem Klicken überhaupt nichts. Versager? Ich wartete kurz, mit einem Nachbrenner rechnend. Als nichts passierte, schlich mein Finger zum hinteren zweiten Abzug, der den oberen Lauf betätigt, ohne daß ich meinen Anschlag veränderte.

Auf den Schuß brach der Elefant zusammen – und um uns herum gleichzeitig die Hölle los. Krachen, Trompeten, in höchster Erregung raste die Herde im Wäldchen herum, versuchte in den Wind zu kommen, um den Grund der Störung zu ergründen. In größter Eile kippte ich die Läufe meiner Doppelbüchse ab, um schnell nachzuladen. Beide Hülsen wurden vom Ejektor ausgeworfen, doch all das nahm ich nur im Unterbewußtsein wahr, zu sehr war ich damit beschäftigt, die neuen Patronen einzuführen, denn die umhertobenden Elefanten kamen direkt auf uns zu.

Der Schreck fuhr mir in die Glieder, als ich die Waffe schließen wollte. Die Patrone des unteren Laufes ließ sich nicht weit genug einschieben, um die Doppelbüchse zuklappen zu können. Ich riß sie eiligst hinaus, denn die Elefanten stürmten heran.

Doch Saidi hatte aufgepaßt. Im Moment, als ich meine Waffe zuklappte, tauchte ein weiterer junger Bulle unmittelbar vor uns auf, dem er die Kugel auf die Stirn setzte, unmittelbar bevor ich meinen (einzigen) Schuß aus dem oberen Lauf anbringen konnte. Wie ein Kartenhaus klappte er von beiden Kugeln getroffen vor uns zusammen. Die Herde kam noch einmal wieder, ohne daß wir ein weiteres Mal zu Schuß kamen. Danach machte sie sich mit wütendem Trompeten aus dem Staub.

Nach kräftigem Durchatmen interessierte mich natürlich nun brennend, was mit meinem Gewehr los war. Die genauere Untersuchung ergab, daß beim ersten Schuß die Patrone nicht richtig gezündet haben mußte. Anscheinend hatte die Energie aber ausgereicht, das Vollmantelgeschoß einige Zentimeter in den Lauf zu drücken, wo es festsaß.

Hätte ich in diesem Falle einen Repetierer geführt, wäre er zwangsläufig funktionsunfähig gewesen. Die Folgen in einer solchen Situation mag sich jeder selber ausmalen. Wenn das Geschoß auch nur einige Millimeter tiefer in den Lauf eingedrungen wäre, hätte ich die neue Patrone einführen und auch abschießen können. Wer weiß, wie ein solches Feuerwerk wohl ausgegangen wäre. Ich hatte also im doppelten Sinne Glück gehabt.

Mit zwei erlegten jungen Bullen war es uns gelungen, die Herde aus dem Gebiet zu vertreiben.

Viel habe ich mit den grauen Riesen erlebt. Einen Teil ihrer Reaktionen kann man voraussehen, wenn man sich mit ihnen auskennt. Doch es gibt auch immer wieder unerklärliches Verhalten.

So führte ich einmal einen Jagdgast aus Köln am zuvor erwähnten Meru-Berg. Willi hatte einen guten Buschbock erlegt, das Fahrzeug aber stand oben am Fahrweg kurz vor Momella. Mit seiner Panga hackte der Fährtensucher eine Stange ab, und wir transportier-ten den Buschbock mit zusammengebundenen Läufen an der Stange den Pirschpfad hinauf zu unserem Wagen. Wir ermüdeten schnell und mußten deshalb oft wechseln, wobei der dritte Mann die Gewehre trug. Wir passierten gerade ein besonders dichtes Wegstück, als sich vor uns der Busch teilte und eine Elefantenkuh mit eingerolltem Rüssel und anliegenden Ohren schnurstracks auf uns zustürmte.

Willi warf reaktionsschnell die Stange mit dem Buschbock von der Schulter und ebenso geistesgegenwärtig schob mir der gewehrtragende Fährtensucher meine geladene Doppelbüchse in die Hand. Meine Schüsse auf den Kopf ließen die Elefantenkuh buchstäblich einige wenige Meter vor uns verenden. Wir standen mit dem Finger am Abzug und erwarteten weitere Elefanten, doch nichts geschah.

Die nachfolgende Untersuchung ergab, daß die Kuh ganz offensichtlich hier an der engsten Stelle des Pirschpfades, den wir zuvor hinuntergegangen waren, auf uns gewartet hatte. Doch weshalb sie uns angriff, ließ sich nicht ergründen. Sie war weder verletzt noch sonstwie krank, wie die Untersuchung eines Veterinärs ergab. Eine völlig gesunde, zu dreiviertel ausgewachsene junge Elefantenkuh, gut genährt und nicht tragend.

In den letzten 30 Jahren sind die durchschnittlichen Stoßzahngewichte erlegter Elefanten ständig gesunken. Vor allem eine Folge der Wilderei, die auch den hintersten Winkel Afrikas erreicht und kein Gebiet verschont hat. Konnte man in den sechziger Jahren durchaus mit einem Siebzigpfünder rechnen, sank diese Erwartung ein Jahrzehnt später auf 55 bis 60 Pfund je Zahn ab. In den achtziger Jahren wurden schließlich sogar Zähne ab 35 Pfund als jagdbar bezeichnet.

Es darf aber nicht unerwähnt bleiben, daß auch noch in jüngster Zeit Kapitalelefanten mit enormen Stoßzahngewichten erlegt worden sind. Aus Simbabwe wurden zwei Riesen mit Gewichten über 100 Pfund je Zahn gemeldet. Sogar aus Namibia kam die Meldung von einem Hundertpfünder. Die meisten Kapitalen wurden in der letzten Zeit in Äthiopien erbeutet. In Zukunft könnten im neugeöffneten nordöstlichen Zaire sowie aus Mosambique Kapitalelefanten erlegt werden, doch sollte man dabei nicht zu optimistisch sein. Bekannt kapitale Stoßzahnträger besitzt Südafrika. Doch diese leben alle im Krüger-Nationalpark.

Hat man einen kapitalen Riesen vor, dann gibt es selten Zweifel, denn bei einem Hundertpfünder sind die Zähne sowohl lang als auch im Umfang entsprechend stark, also dick. Für das Gewicht ist aber auch noch entscheidend, welchen Platz der Zahnnerv beansprucht, genauer gesagt, wie hohl der Zahn ist.

Ich schoß in Rungwa (Tansania) einmal einen großen Elefanten, dessen Zähne ich vor dem Schuß auf gute 80 Pfund schätzte. Als ich nach dem Aushacken sah, wie klein der Zahnnerv war, hoffte ich auf einen 90pfünder. Meine Freude war aber um so größer, als das offizielle Auswiegen für den linken Zahn ein Gewicht von 104, und für den rechten Zahn von 102 englischen Pfund auswies.

Ich habe allerdings noch einen weitaus stärkeren Elefanten gestreckt. Seine Erlegungsgeschichte entbehrt nicht einer gewissen Tragik und hat außerdem für mich einen bitteren Beigeschmack:

Ernst war ein passionierter Jäger, der in jedem Jahr mindestens zwei Jagdreisen unternahm und es so im Laufe der Zeit auf eine interessante und artenreiche Kollektion von Trophäen brachte. Was ihm fehlte, war ein wirklich starker Elefant. Dies ließ ihn nicht ruhen, und speziell zu diesem Zweck buchten wir nördlich von Garissa am Tana-River in der besten Zeit einen Jagdblock. Hier bestand die gute Chance, innerhalb von drei Wochen auf einen kapitalen Bullen zu stoßen.

Eine halbe Autostunde von Mbalambala hatte ich am Tana ein schönes Zeltlager aufgebaut, als an einem trüben Maimorgen mein Freund und Jagdgast Ernst mit einem kleinen Buschflugzeug auf der nahen Piste landete. Ich hatte mir an den vorangegangenen Tagen einen Überblick verschafft und dabei viele Fährten, frischen Dung und auch einige „Riesenfüße" festgestellt.

Alles sah optimal aus. Die Regenzeit war gerade vorüber, der Busch grün, und die Elefanten zogen sowohl aus den dichten Strauchwäldern als auch aus den Reservaten heraus und verteilten sich über den ganzen Jagdblock.

Doch die ersten Tage brachten nicht viel. Jede Menge Kühe mit Kälbern und Halbwüchsigen, doch die alten Herren glänzten durch Abwesenheit. Ich vermutete, daß die Bullenherden und Seniorenclubs tiefer im Lande herumzogen, da es jetzt überall Äsung und Wasser gab. Wir fuhren jeden Morgen zeitig hinaus, fährteten den Weg nach Spuren ab und suchten weitab liegende Wasserlöcher auf. Zweimal hatten wir kleinere Junggesellentrupps gefunden, waren ihren Spuren gefolgt und hatten nach vielen Stunden die Elefanten vor uns. Doch in beiden Fällen war der erhoffte kapitale 100pfünder nicht dabei, und wir zogen resigniert zum Auto zurück.

So ging das etwa eine Woche lang. Ernst schoß während dieser Zeit nur Wild für die Küche, denn wir wollten in keinem Falle die Chancen auf einen alten, schlauen Riesen verderben.

Als wir nach 10 Tagen noch immer keinen großen Bullen gefunden hatten, wurde mein Jagdgast unruhig. Er meinte, in einem der Nachbargebiete hätten wir bessere Aussichten und schlug einen Revierwechsel vor. Ich mußte ihn erst überzeugen, daß wir uns zu dieser Jahreszeit in dem besten Jagdblock befanden und daß uns der erhoffte Kapitalelefant jeden Tag und jede Stunde über den Weg laufen konnte. Doch es dauerte noch weitere sechs lange Tage, bis unsere Stunde schlug.

Wir fuhren am frühen Morgen in Richtung Daka Dima, als Mwangangi wie wild auf das Wagendach trommelte. Ich hielt sofort, kletterte nach hinten und sah vom erhöhten Punkt aus drei Elefanten eiligst in langen Fluchtschritten das Weite suchen. Eigentlich sah ich nur den einen. Seine Zähne übertrafen alles, was mir zuvor in freier Wildbahn begegnet war.

Auch Mwangangi geriet ganz aus dem Häuschen. Bis Ernst das Wagendach des Toyotas erklommen hatte, waren die Dickhäuter jedoch bereits im Dornbusch verschwunden. Doch er merkte an unserer Aufregung, daß wir einen Kaiser unter den Königen gesehen hatten.

Jetzt gab es kein Halten mehr. Wir griffen unsere Gewehre, den Notproviant, die Wasserflasche, ließen den mitgebrachten Somalibuben zur Bewachung des Wagens zurück und folgten den Fluchtfährten. Drei Stunden später wußten wir, daß der Dreiertrupp die Gefahr richtig einschätzte, denn die Fährten kündeten immer noch von einem langen Schritt, der ihnen unterdessen einen gewaltigen Vorsprung verschafft hatte. Allem Anschein nach wollten sie das Gebiet verlassen.

Doch das Elfenbein des großen Bullen war so riesengroß gewesen, daß ich mich überhaupt nicht antreiben brauchte. So einen Elefanten läßt man nicht laufen, selbst wenn man ihm bis zum Mond nachlaufen muß, sagte ich mir. Mwangangi mochte ähnliches empfinden, denn er ließ nicht locker, trieb den sichtbar immer mehr ermüdenden Ernst ständig an. Doch es half nichts, wir mußten das Tempo drosseln, wollten wir unseren Jagdgast zu Schuß bringen.

Um drei Uhr am Nachmittag aber ging bei Ernst nichts mehr. Die Sonne brannte erbarmungslos heiß vom Himmel, und wir mußten eine größere Rast einlegen. Der Vorsprung der Elefanten war groß, doch nun zogen sie langsamer, ästen sogar gelegentlich. Nachdem wir zwei Stunden gerastet hatten, gelang es uns schließlich, den übermüdeten Ernst zur weiteren Verfolgung anzustacheln.

Hätte er mit eigenen Augen diesen Kapitalelefanten gesehen, dann wäre es ihm wahrscheinlich leichter gefallen, seine letzten Kräfte zu mobilisieren. So aber verließ er sich auf unsere Angaben und die Zusicherung, daß wir ihn zu Schuß bringen würden, wenn er zäh und beharrlich mit uns die weitere Verfolgung aushielte. Daß dies frühestens am nächsten Tag sein würde, war inzwischen jedem von uns klar.

Wir gingen noch solange, wie das Tageslicht die Spuren erkennen ließ, dann suchten wir uns einen Platz zum Übernachten. Wasser hatten wir, doch unsere Notverpflegung war mittlerweile aufgebraucht. Ernst schlief vor Erschöpfung sehr schnell ein, und auch Mwangangi mit den gesunden Nerven seiner Rasse entschlummerte schnell. Ich lag aber noch lange wach, zerquetschte einige der zahlreichen Moskitos und lauschte dem Ruf einer fernen Hyäne. Gegen Morgen fiel ich in einen unruhigen Schlaf und wurde erst wach, als Ernst neben mir ausgiebig hustete.

Am Himmel zeigte sich das erste Tageslicht, als wir drei schließlich hochkamen. Nur Mwangangi schien ausgeruht zu sein. Wir Europäer fühlten uns wie gerädert und vermißten vor allem den Morgenkaffee, der unsere Lebensgeister ankurbeln würde. Doch es half nichts, wir mußten weiter, es lockte ja ein besonders erstrebenswertes Ziel.

Wie wir es schließlich schafften, in Gang zu kommen, um die am Tag zuvor aufgegebene Spur wieder aufzunehmen, kann ich heute nicht mehr sagen, doch ich erinnere mich genau daran, daß wir nach kurzer Suche in Hochstimmung gerieten, denn die Elefanten waren in der Nacht nicht allzuweit gezogen. Sie hatten gerastet, überall herumgeäst und schienen es nicht mehr eilig zu haben.

Ihr Dung zeigte uns an, daß sie höchstens einen Vorsprung von einer Stunde hatten, eine Spanne, die bei vertraut äsenden Elefanten kaum der Rede wert ist. Außerdem bewegten wir uns jetzt in einer offenen Buschlandschaft und rechneten jeden Augenblick damit, einen der grauen Rücken zu sehen. Ernst hatte seine Waffe von Mwangangi verlangt. Alle Müdigkeit schien abgestreift, der Wind wehte beständig, die Zeichen standen gut.

Doch dann sprangen vor uns drei Gerenuks in ihrem schaukelnden Fluchtgalopp in Richtung der Elefanten ab. Und das hatte die sensiblen Dickhäuter offensichtlich erneut mißtrauisch gemacht. Jedenfalls sahen wir kurze Zeit später, daß sich das Triumvirat formiert hatte und erneut in langen Fluchtschritten davongezogen war.

Ich will den Leser nicht damit langweilen, wie sehr Ernst daraufhin abbaute, welche Mühe es mich kostete, ihn erneut zu motivieren, die Verfolgung noch einmal aufzunehmen. Wir marschierten verbissen weiter. Allem Anschein nach hatten die Elefanten die Gefahr aber nicht genau lokalisieren können, denn ihre Fährten signalisierten, daß sie schon bald wieder ruhig weitergezogen waren.

Wir hätten sie einholen können, wäre unser Jagdgast zäher oder

Gewaltig die Dimensionen dieser Wildart

Der staunende Jösch-Nachwuchs mit Bergelefant vom Mt. Meru

Solche Zähne sind heute selten

Nach tagelanger Pirsch endlich am Ziel: ein Uhso

Mwangangi (rechts) und Mwoki. Was wären wir ohne ihre Hilfe?

besser trainiert gewesen. Doch um die Mittagsstunde war bei Ernst „der Ofen aus". Nichts ging mehr.

Vor uns lag ein kleiner Hügel mit riesigen Granitsteinen. Bis zu diesen Steinen schleppte er sich noch, dann gab er auf. Ich sah, wieviel Überwindung es ihn kostete, die Bitte über die Lippen zu bringen, daß ich doch jetzt, so nahe vor dem Ziel, nicht aufgeben dürfe. Ich sollte unbedingt weitermachen und den Kapitalelefanten für ihn zur Strecke bringen.

Nie hätte ich geglaubt, daß mein passionierter Jagdfreund Ernst mich einmal bitten würde, ihm eine Trophäe zu sichern. Ich war deutlich irritiert. Außerdem wollte ich ihn nicht alleine zurücklassen.

Nach einigem Hin und Her wurde vereinbart, daß Ernst auf alle Fälle, komme was wolle, auf dem Hügel bleiben sollte, bis wir ihn dort wieder abholen würden. Er hatte Wasser und seine Waffe. Selbst ohne Nahrung konnte er es unbeschadet einen weiteren Tag aushalten.

Mit Mwangangi und etwas gemischten Gefühlen machte ich mich dann auf den Weg. Die Elefanten zogen zielstrebig in Richtung eines Wasserloches, das sie vermutlich in der kommenden Nacht erreichen würden. Ich zweifelte, ob ich ohne Nahrung und mit dem wenigen Schlaf bis zum nächsten Tag durchhalten könnte und hoffte, daß die drei vor uns sich bald eine Mittagsrast genehmigen würden.

Doch leider taten sie uns nicht den Gefallen, und wir mußten weiter. Gegen 16 Uhr stellte sich bei mir der befürchtete Tiefpunkt ein. Ich fühlte mich ausgelaugt und deprimiert. Auf dem steinigen Boden waren die Spuren außerdem immer schwerer zu halten.

Da entdeckte Mwangangi in der Ferne einen grauen Rücken, und sofort war alle Müdigkeit wie weggeblasen.

Eine halbe Stunde später hatten wir die drei Bullen endlich vertraut vor uns. Einer von ihnen trug nur einen einzigen Stoßzahn. Der zweite Elefant hatte gute und stark gekrümmte Zähne. Dies alles verblaßte aber völlig beim Blick auf den alten Kapitalen.

Ihn nicht mehr aus den Augen lassend, schlich ich wie hypnotisiert näher. Als ich nahe genug heran war, setzte ich ihm das Vollmantelgeschoss meiner .458 auf das Blatt. Wütend trompetete er und stürmte mit seinen Begleitern davon. Mwangangi lief der besseren Übersicht wegen einen nahen Hügel hinauf. Ich atmete erst einmal tief durch.

Ich will es kurz machen. Der Riese ging nur noch einige hundert Meter. Als sich seine Begleiter endlich verzogen hatten, konnten wir heran und standen tief beeindruckt vor diesem Urweltriesen mit seinen gewaltigen Zähnen, die sich an den Spitzen fast wieder berührten. Sie waren nahezu drei Meter lang und wogen 138 + 134 Pfund!

Ernst konnte erst am nächsten Tag abgeholt werden. Auch er stand überwältigt vor diesem Koloß. Über seine Erlegung wurde nie mehr gesprochen. Allerdings wurde vereinbart, daß die Zähne später einmal an mich zurückgegeben werden sollen.

Der Kamillenteebock

Ganz besonders haben es mir die Rehböcke angetan. Sie sind unumstritten mein Lieblingsjagdwild und werden dies auch mit Sicherheit bis zum Ende meines Jägerlebens bleiben. An ihnen habe ich meinen ersten jagdlichen Schliff bekommen, denn einem alten, gerissenen Bock ist nicht einfach beizukommen.

Es gibt außerdem keine Wildart, die solche enormen Variationen in der Trophäe hervorbringt wie unsere kleinste Cervidenart. Wo sonst gibt es derartige Vielgestaltigkeit in Gehörnform, Stellung und Aussehen einer Trophäe? Rosen und Perlung sind neben der Farbe bei keiner anderen Wildart derartig attraktiv und verschieden. So ist es verständlich, daß ein Trophäennarr, wie ich es nun mal bin, von keinem anderen Kopfschmuck so sehr angezogen wird wie von einer starken Rehkrone.

Allgemein ist man der Meinung, daß für die Erlegung eines Kapitalbockes ein recht tiefer Griff in den Geldbeutel notwendig ist. Generell mag das – vor allem in Osteuropa – der Fall sein.

Einen meiner stärksten Rehböcke schoß ich, ohne daß er mich einen Pfennig gekostet hat. Im Gegenteil. Mit der Erlegung dieses Kapitalbockes tat ich allen Beteiligten sogar einen Gefallen, für den sie sich ausdrücklich bei mir bedankten. Ich investierte lediglich eine Patrone und zwei Stunden meiner Zeit, die ich plaudernd mit einer älteren einsamen Dame am Rande eines verschlafenen Dörfchens in den Heidebergen Schottlands verbrachte. Allerdings mußte ich drei Tassen Kamillentee trinken.

An einem schönen Junitag brachte ich Jagdgäste zu einem befreundeten Stalker. Der jammerte mir bei dieser Gelegenheit vor, daß er zu rein gar nichts mehr käme. Morgens und abends müsse er Jagdgäste auf Rehböcke führen, zwischendurch nicht nur die Jungfasanen versorgen und füttern, sondern auch noch die Lachsangler kontrollieren. Außerdem stünde jetzt das Heumachen vor der Tür. Also reichlich Stress. Und nun läge ihm auch noch eine entfernte Verwandte seiner Frau mit der Bitte in den Ohren, sie von einem Rehbock zu befreien, der all ihre schönen Rosen abfressen würde.

„Erst hat sie ihn mit Schokolade angefüttert, und jetzt soll ich ihn unbedingt abschießen", murrte er vorwurfsvoll. Daraufhin fragte er mich voller Hoffnung: „Kannst du mir das nicht abnehmen?"

Zeit hatte ich, da zwischen Bringen und Holen der Gäste Freiraum bestand. Und die Waffe war, eingedenk der Regel: „Fuchs kann immer kommen", sowieso stets dabei. Aber wen reizt schon das Abschießen eines angefütterten Rehbockes? Doch ich wollte meinem Freund helfen, und vielleicht – keimte in mir die Hoffnung auf – mochte die gehaltvolle Zusatzfütterung dazu geführt haben, daß der Bock besonders gut aufhatte.

Deshalb wollte ich von dem Stalker wissen, ob der Bock denn stark sei. Die Antwort darauf fiel typisch schottisch aus: „Oh ja, mindestens drei stones soll er wohl aufgebrochen wiegen." Ich hatte ganz vergessen, daß in England ebenso wie in Schottland die Trophäe wenig, das Wildbret aber alles zählt. Aus dieser Quelle durfte ich also wohl wenig Aufschluß zu diesem Punkt erwarten.

So schlug ich vor, daß der Stalker seine Tante von meinem Kommen telefonisch verständigen solle, was er – glücklich darüber, daß ich ihm diese Arbeit abnahm – auch sofort tat. Nachdem er mir den Weg dorthin genau beschrieben hatte, fuhr ich los.

Eine rosige ältere Dame erwartete mich und entschuldigte sich wortreich, daß sie mir solche Umstände bereiten würde. Doch so ginge es nicht mehr weiter mit diesem schlimmen Bock. Der müsse unbedingt weg.

Indem sie mich ins Haus bat, berichtete sie, wie sie „ihren Hausbock" nun schon mehr als drei Jahre hindurch mit Brot, Nüssen, Kuchen und sogar Schokolade gefüttert habe. Der Bock hatte sich jedoch wenig dankbar gezeigt, wie die lange Liste seiner Schandtaten unterstrich, die daraufhin angeführt wurde. Diese reichte vom zerbrochenen Lattenzaun über gefegte Tännchen bis hin zum abgeästen Wintersalat und gipfelte in der Zerstörung all ihrer heißgeliebten Rosen. Dabei stand die helle Empörung in ihrem Gesicht.

Ich heuchelte Mitgefühl, gab es doch weitaus mehr Rosen als Rehböcke auf dieser Welt. So wie die Umgebung hier aussah, schien es mir äußerst unwahrscheinlich, daß in dieser Jahreszeit, zudem bei allerbestem Äsungsangebot rundum, der Bock ans Haus kommen würde, um dort zweifelhafte Nahrungsdelikatessen aufzunehmen. Doch sie zerstreute all meine Zweifel und behauptete, sommers wie winters käme dieser Bock pünktlich um 18 Uhr bis ans Haus, um sich seinen erlaubten und eben auch nicht erlaubten Anteil zu holen. Nun hieß es warten.

Ich brachte zur Bestätigung meiner guten Absichten sowohl die Waffe als auch das Fernglas ins Haus, obwohl ich eigentlich nicht mit dem Erscheinen des Missetäters rechnete. Währenddessen bereitete meine Gastgeberin einen Tee vor. Nachdem sie mich ausgiebig über die Geschehnisse in Deutschland, besonders aber über meine Person und mein Leben ausgefragt hatte und auch die zweite Tasse Kamillentee sich dem Ende zuneigte, sagte mir ein Blick auf die Uhr, daß es an der Zeit wäre, nach draußen zu gehen – vorausgesetzt der Bock würde pünktlich sein.

So saßen wir beide auf einer Bank in der hellen Nachmittagssonne und warteten auf das Erscheinen des angeblich so zuverlässigen Besuchers. Doch heute schien er sich verspätet zu haben (was mich nicht wunderte), denn inzwischen war schon mehr als eine Stunde über die angesagte Zeit hinaus verstrichen, ohne daß sich auch nur ein rotes Haar gezeigt hatte.

Wäre ich aufrichtig zu der netten alten Dame gewesen, hätte ich ihr sagen müssen, daß es allen jagdlichen Erfahrungen widersprach, daß ein wildlebender Rehbock im Juni bei hellstem Sonnenschein bis an ihr Haus kommen würde. Doch ich behielt meine Bedenken vorerst für mich.

Stattdessen fragte ich sie, ob der Bock denn auch ein Gehörn habe. „Oh ja", antwortete sie freudig, „ein sehr großes. Zwei lange Geweihe in der Mitte und ein kleineres an der Seite." Damit konnte ich genauso wenig anfangen wie zuvor mit den Stones.

Wie aus heiterem Himmel zeigte meine Gastgeberin auf den gegenüberliegenden Waldrand: „Na endlich, da kommt er ja." Tatsächlich, ein roter Wildkörper bewegte sich, wie angekündigt, zielstrebig auf uns zu. Das Glas zeigte mir einen offensichtlich älteren Bock mit starkem Träger und angegrautem Grind. Zwischen den Lauschern war alles voll. Ein freudiger Schreck durchzuckte mich. Hier handelte es sich zweifellos um einen Kapitalen.

Doch von meinem jetzigen Standpunkt aus ließ sich kein Schuß anbringen. Ich ging deshalb ein wenig vom Haus weg. Diese ungewohnte Veränderung schien dem Bock nicht zu behagen. Er sprang in Richtung Waldrand ab und blieb dort mißtrauisch stehen. Da die Entfernung höchstens 120 Meter betrug, fackelte ich nicht lange und ließ fliegen. Die .243 bannte den Bock auf den Platz.

Als ich nach einigen Sicherheitsminuten zu dem Verendeten trat, fiel mir fast die Büchse aus der Hand, denn der „Hausfreund" entpuppte sich noch viel stärker als angesprochen. Jetzt verstand ich auch die zuvor gegebene Beschreibung der alten Dame von den zwei großen Geweihen in der Mitte und einem kleineren an der Seite, denn vor mir lag ein kapitaler Dreistangenbock mit starken Rosen und guter Perlung. Immer wieder griff ich voller Überraschung und

Freude in dieses prächtige Gehörn, das mir ohne besonderen eigenen Verdienst in den Schoß gefallen war.

Nachdem ich ihn aufgebrochen hatte, mußte ich noch einige Zeit warten, die mir meine Gastgeberin mit einer weiteren Tasse ihres köstlichen Tees verkürzte.

Danach rief ich den Jagdführer an, der gerade von der Abendpirsch mit meinen Gästen zurückgekehrt war. Er freute sich, daß ich ihm die Erlegung dieses Bockes abgenommen hatte und überließ mir aus lauter Dankbarkeit auch noch das Wildbret.

Ich habe es allerdings nicht übers Herz gebracht, meinen Gästen diesen Superbock zu zeigen, denn unglücklicherweise hatte der Jüngere an diesem Abend einen Bock gefehlt, und der Ältere war auf einen Starken nicht schnell genug fertig geworden.

Auf dem Heimweg fiel mir aufgrund der aktuellen Ereignisse eine Begebenheit ein, die sich zu Anfang meiner Tätigkeit in Schottland zugetragen hatte und die ebenfalls die Einstellung der Inseljäger zum Schalenwild sehr schön dokumentiert:

Bei einem Landbesitzer entdeckte ich zufällig hinter dem Haus die Abwurfstange eines Rehbockes. Sie war so stark, daß einem schier die Luft wegblieb. Dieser Bock hätte seinen Einstand ganz in der Nähe, berichtete der Farmer bereitwillig. Verständlicherweise war ich sofort Feuer und Flamme, vereinbarte einen Preis und war in den darauffolgenden Tagen morgens und abends hinter diesem Bock her. Doch was ich auch anstellte, ich bekam ihn nicht einmal zu Gesicht.

Da ich mich anschließend der Betreuung von Gästen widmen mußte, gab ich die Jagd auf diesen rekordverdächtigen Bock auf, vereinbarte mit dem Farmer allerdings, daß er mich telefonisch verständigen sollte, wenn der Kapitale wieder auftauchen würde. Wenn ich ihn nicht selbst strecken durfte, dann sollte wenigstens einer der Gäste auf ihn Waidmannsheil haben.

Etwa zwei Wochen später meldete sich der Farmer am Apparat. Meine sofortigen Fragen nach besagtem Bock beantwortete er recht ausweichend. Allerdings ließ er mich wissen, seine Erkundigungen hätten ergeben, für einen Goldmedaillenbock würden mindestens 1.000 englische Pfund gezahlt. Unter diesem Preis gäbe er ihn nicht her.

Das waren damals immerhin 4.000 DM. Doch als ich meinen Gästen die mitgebrachte Abwurfstange zeigte, waren gleich zwei von ihnen bereit, diese Summe zu zahlen. Ich teilte dem Farmer das mit und vereinbarte eine Abendpirsch für den nächsten Tag.

Doch am nächsten Morgen stand er bereits erwartungsfroh lächelnd an unserem Frühstückstisch und forderte uns auf, mit nach draußen zu seinem Landrover zu kommen.

Dort lag – offensichtlich schon am Vortage geschossen – zu unserem Erstaunen besagter Kapitalbock. Und nicht weniger überracht waren wir, als der Farmer nun die vereinbarten tausend Pfund kassieren wollte. Als wir ihm erklärten, ein Jäger würde diesen hohen Preis nur dann zahlen, wenn er den Bock selbst erlegt hat, zeigte er sich äußerst irritiert und schließlich ungehalten. Er sah sich um 1.000 Pfund geprellt und zog laut schimpfend von dannen.

So wenig die Schotten unsere Jagdeinstellung verstehen, so wenig begreifen wir wahrscheinlich die ihre.

Weiße Decken, goldene Schnecken

Die Vorliebe amerikanischer Jäger für Wildschafe dürfte allgemein bekannt sein. Das ist nicht verwunderlich, geben die gedrehten, massiven Schnecken eines reifen Widders doch eine wahrlich prachtvolle Trophäe ab.

Die Jagd auf Bergschafe verlangt dem Jäger alles ab. Sie findet meist in einer ursprünglichen Berglandschaft, fernab jeglicher Zivilisation, statt. Bei einer solchen Jagd kämpft man nicht nur mit den Widrigkeiten des Terrains und gegen seinen inneren Schweinehund, sondern tritt auch gegen eine Wildart an, die von der Natur mit überaus wachen Sinnen ausgestattet worden ist. Kein Wunder, daß jeder Jäger auf seine Bergschaf-Trophäen ganz besonders stolz ist.

Eine alte Jägerweisheit sagt, daß man seine Bergschafe möglichst vor Erreichung des 40. Lebensjahres geschossen haben sollte. Dies soll anzeigen, wie anstrengend ein solches Untenehmen ist. Nun, inzwischen ist die Jagd auf die begehrten Wildschafe derartig teuer geworden, daß jüngere Waidmänner sich eine solche Jagd meist gar nicht leisten können. Ich vermute, daß heutzutage die meisten Bergschafe von Jägern, die altersmäßig eher über diesem Limit liegen, erlegt werden.

Auch mich haben Bergschafe stets interessiert. Nachdem ich einige Herbste in Alaska verbracht hatte, wollte ich es unbedingt auf einen Dallwidder versuchen. Doch während ich zur Jagd auf Elch, Schwarzbär, Caribou und Schneeziege keinen lizensierten Jagdführer brauchte (auf diese Wildarten sogar selbst führen durfte), schrieb das Gesetz für Dallschafe und Braunbären zwingend einen Guide vor.

Außerdem stand ich mir gewissermaßen selbst im Wege, denn ich veranlaßte einige meiner Jagdgäste während ihrer Safari in Afrika, im Herbst es doch mal in Alaska zu versuchen, was diese häufig auch taten. Da ich verabredungsgemäß meinem Freund Dick, einem lizenzierten Guide in Alaska, von Ende August bis in den Oktober hinein beim Führen der Jagdgäste half, war ich so die ganze Zeit ausgebucht.

Drei Jahre lang ließ ich die gelösten Dallschafpermits verfallen. Doch dann schwor ich mir: „In diesem Jahr muß es sein!" Allerdings stand Dick als Jagdguide wieder mal nicht zur Verfügung. Ich flog nach Anchorage, hockte zwei Tage lang in meiner kleinen Wohnung am Telefon und versuchte ergebnislos, einen guten Schafführer zu finden.

Schließlich erfuhr ich von einem Freund, der nebenbei als Präparator arbeitete, daß am Tage zuvor drei junge Amerikaner, die in Alaska ihren Wehrdienst absolvierten und ihren Urlaub dazu benutzt hatten, auf Dallschafe zu jagen, mit zwei kapitalen Widdern aus den nahen Chugiakbergen heimgekommen seien. Sie hätten weitere reife Widder gesehen, und einer von ihnen wollte morgen in dieses Gebiet zurück. Ich könnte mich ihm anschließen.

Einige weitere Telefonate, und endlich war es soweit. Bob, so hieß der junge Mann, hatte nichts dagegen, und morgen sollte es losgehen. Das war auch höchste Zeit, denn wir schrieben inzwischen den 11. September, und am 15. lief unweigerlich die Jagdzeit auf diese Wildart ab.

Am 12. ging es schon frühmorgens los. Ein Freund brachte uns in seinem Geländewagen einen Bergweg hinauf, bis es nicht mehr weiterging. Von dort stapften Bob und ich mit unseren schwerbepackten Backpacks los. Unsere Ausrüstung war auf das Allernotwendigste reduziert, denn wir mußten schließlich alles auf unserem Rücken in die Berge tragen. Deshalb hatten wir außer unseren Schlafsäcken nur noch einen Wasserkessel, zwei Blechtassen, konzentrierte Astronautennahrung, Trockenkaffee, viele Schokoladenriegel und unsere Jagdutensilien dabei.

Der Himmel präsentierte sich bewölkt, und wir stiegen und stiegen. Am Nachmittag erreichten wir einen hohen Grat, die Zivilisation lag nun weit hinter uns im Tal. Von hier aus suchten wir mit dem Spektiv die grandiosen Berghänge des Chugiakgebirges ab und machten in der Ferne auch einige weiße Punkte in den steilen Wänden aus. Das konnten nur Widder sein, denn die Schafe standen meist mit anderem Scharwild im Rudel zusammen, sind also selten allein anzutreffen.

Dieser Anblick brachte uns in Hochstimmung für den kommenden Tag. Doch zuerst mußten wir hinunter ins Tal. Unsere gute Stimmung währte nicht lange, denn beim Abstieg wurde es sehr schnell immer dunkler, die Temperatur fiel rapide. Plötzlich brach ein gewaltiger Regen, vermischt mit Hagel, über uns herein, so daß wir uns nicht mehr weiterbewegen konnten. Mitten in einem riesigen Geröllfeld krochen wir in unsere Schafsäcke und erwarteten die schnell hereinbrechende Nacht.

Doch der Regen hörte nicht auf. Wahre Sturzbäche ergossen sich über uns. Mein Leben draußen in der Natur hat mich abgehärtet, doch das, was wir in jener langen Nacht dort im Geröllfeld erlebten, ging über jedes erträgliche Maß hinaus. Der Regen lief in unsere

Schlafsäcke. Ich verstopfte mir mit Toilettenpapier meine Ohren- und Nasenlöcher, so schlimm wurde es. Außerdem lagen wir sehr ungemütlich auf den Steinen und hatten seit dem Morgen nichts Ordentliches mehr gegessen. Unendlich langsam kroch diese schreckliche Nacht dahin.

Doch auch das Allerschlimmste hat einmal ein Ende, und mit Tagesanbruch hörte der Regen so plötzlich auf, wie er begonnen hatte. Steif, kalt, nass und hungrig befreiten wir uns aus unseren Schlafsäcken. Gottseidank existierten wenigstens die weißen Punkte noch immer in den gegenüberliegenden Felswänden.

Später tat sich dann eine weitere Schwierigkeit unten im Tal auf, denn der Fluß war durch den starken Regen derartig angestiegen, daß ein Durchwaten zu gefährlich erschien. Wir gingen deshalb solange flußaufwärts, bis wir es – abgesichert durch ein Seil – wagen konnten, auf die gegenüberliegende Seite zu kommen. Diese Flußdurchquerung kostete uns viel Zeit. Doch dann konnte es endlich losgehen, die entscheidenden Hindernisse schienen überwunden.

Wir hatten ausgelost, wer von uns beiden die erste Chance haben sollte, und ich hatte gewonnen. Da ich wußte, wie nötig eine Orientierungshilfe ist, wenn man sich erst einmal in der Wand bewegt und sein Ziel nicht mehr sehen kann, hatten wir vereinbart, daß Bob unten bleiben sollte und mir mittels vereinbarter Zeichen die Richtung auf die Widder anzeigen würde.

Dann stieg ich in die steile Wand ein. Das Gestein der Felsmassive Alaskas ist nicht so fest wie jenes der Anden oder unserer Alpen, deshalb ist besondere Vorsicht geboten. Nach einigen Stunden war ich anscheinend nahe genug, denn Bob unten zeigte mir dies aufgeregt an.

Und richtig, als ich mich vorsichtig aus einer Rinne hochgewuchtet hatte, sah ich auf etwa 250 Meter einen weißen Widder, der neugierig in meine Richtung äugte. Wahrscheinlich hatte er das Steineln des abbrechenden Gerölls vernommen, denn eräugen konnte er mich vorher nicht.

Jetzt mußte es schnell gehen. Er schien mir über das legale Mindestmaß der Dreiviertel-Drehung hinaus zu sein. So brachte ich vorsichtig meine 8 x 68 S in Anschlag und schoß. Er blieb kurz mit krummen Rücken stehen und zog dann, immer schneller werdend, aus meinem Blickfeld, ohne mir die Gelegenheit eines zweiten Schusses zu geben.

Doch nach einigen bangen Sekunden sah ich ihn wieder. Inzwischen bedeutend schneller geworden, versuchte er, sich durch die

Flucht nach oben aus der Gefahrenzone zu bringen. Doch ab und zu verhoffte er kurz, und als er wieder einmal stand, gab ich, diesmal etwas höher anhaltend, meinen zweiten Schuß ab. Polternd stürzte der Widder zu Tal.

Ich atmete tief durch und hoffte, daß er sich bei dem Absturz nicht die begehrte Trophäe zerschlagen hatte. Als ich zum Anschuß steigen wollte, mußte ich feststellen, daß ein weiteres Vorankommen unmöglich war. Welch ein Dusel, daß ich sozusagen von der letzten Schußmöglichkeit aus Erfolg gehabt hatte. Von unten gab mir Bob intensive Zeichen, und ich stieg zu ihm ab.

Als ich neben ihm stand, fragte er: „Bist du verrückt geworden, weshalb hast du denn alle beide geschossen?" Als er mein verstörtes Gesicht sah, erklärte er mir, daß dort nicht nur einer, sondern zwei Widder geruht hätten, und daß der zuerst beschossene hinter einer Bergnase liegen müßte. Der zweite sei auf den Schuß hin nach oben flüchtig geworden, wo er dann von mir ebenfalls geschossen wurde und abstürzte.

All das hatte ich aber von meinem Platz aus nicht sehen können. Ich war bei der Abgabe meiner Schüsse felsenfest davon überzeugt, nur einen einzelnen Widder vor mir zu haben, auf den ich dann zweimal schoß.

Umso mehr drängte es mich, an die Beute zu kommen, denn da oben war ja alles sehr schnell gegangen. Doch was immer wir beide an diesem Tag auch versuchten, es gelang uns nicht, an die beiden Schafe heranzukommen. Ohne Spezialgeräte wie Steigeisen oder Seilsicherung konnten wir nicht zu ihnen absteigen. Besonders der zweite Widder schien mir durchs Spektiv sehr stark zu sein, doch was half es.

Es wurde immer dunkler, und es gab keine Möglichkeit, die beiden Schafe zu bergen. Wir waren beide enttäuscht. Ich, weil ich zwei Dallwidder geschossen hatte, doch an keinen einzigen herankonnte, und Bob, weil ich mit dem zweiten Abschuß auch seine Lizenz „verbraucht" hatte.

Als wir unten am Fluß müde und hungrig versuchten, ein Feuer in Gang zu bringen, sagte Bob: „Kein Wunder, daß wir soviel Pech haben. Es ist heute Freitag der 13., und was kann man von so einem Tag schon erwarten?"

Ich bekam meine Trophäen aber dann doch noch, wenn mich die Bergung auch etwas kostete. In Anchorage gab es einen Bergsteigerclub, und nachdem ich aus einem gecharterten Sportflugzeug heraus den Bergsteigern die genaue Lage meiner beiden Widder gezeigt hatte, bedeutete es für die Spezialisten ein Leichtes, die Trophäen für mich zu bergen.

Als ich allerdings vor meinem als zweiten beschossenen Widder stand, riß ich erstaunt die Augen auf, denn was ich da in völliger Unwissenheit erlegt hatte, war ein so starkes Dallschaf, wie es seit mehr als 50 Jahren kein Jäger mehr zu Tal gebracht hatte.

Der Hügelbüffel

Die Sonne steht hoch am wolkenlosen Äquatorhimmel, und es ist brütend heiß. Ich sitze unter einer Schirmakazie, einige Meter entfernt von einem mächtigen alten Büffel, den ich vor etwa einer Stunde gestreckt habe.

Ich sitze hier und denke andauernd darüber nach, weshalb ich diesen Büffel erlegt habe und nicht jenen, hinter dem ich eigentlich her war und um den es bei dieser Jagd hauptsächlich ging. Ich warte auf den Wagen mit meinen beiden Helfern. Der Fährtensucher ist vor einer halben Stunde losmarschiert, und es kann noch gut eine weitere Stunde dauern, bis sie hier ankommen. So habe ich Zeit und kann Ihnen in Ruhe die Geschichte von dem alten Büffelbullen aus den kleinen Hügeln erzählen.

Meine Bekanntschaft mit diesem abnormen Büffel liegt weit zurück und datiert aus den ersten Tagen meiner Zeit in Ikoma. Damals fuhr ich die Grenzen meines neuen Jagdareals ab, erpicht darauf, alles zu erkunden, neue Revierteile zu sehen und mir ein Bild über den Wildstand und die Beschaffenheit des Geländes zu machen.

So kam ich eines Tages auch in jene fernabgelegene Gegend, vom Hauptcamp immerhin vier Autostunden entfernt. Den Jagdgast, den ich damals führte, reizte vor allem eine gute Pferdeantilope. Als vor uns zwei starke alte Büffelbullen hochwurden, schaute er deshalb auch nur „mit einem Auge hin", denn mit zwei Abschüssen hatte er sein Kontingent auf diese Wildart bereits erfüllt.

Doch diese beiden Bullen waren es wert, genauer angesprochen zu werden. Der eine vertrat den sogenannten Idealtyp: Auslage weit über einen Meter, guter breiter Helm, meist Boss genannt. Auch der Curl, der Schwung der Hörner, durfte als überdurchschnittlich eingestuft werden. Ein Büffel, wie ihn sich jeder Jäger erträumt.

Der andere war bedeutend schwächer im Wildbret, doch seine extrem weite Auslage, mehr noch seine fast schon abnorm heruntergezogene Hornzier fielen sofort ins Auge. Es blieb mir damals nichts anderes übrig, als diese außergewöhnliche Trophäe in meinem Gedächtnis zu registrieren, um später einmal mit einem anderen Jagdgast auf diesen außergewöhnlichen Büffel zu gehen – falls wir ihn wiederfinden würden. Sein Begleiter ließ sich ebenfalls an einer auffallend hellen Narbe, die weithin sichtbar leuchtete, leicht wiedererkennen.

Es mögen wohl einige Monate ins Land gegangen sein, ehe ich mich wieder an diese Begegnung erinnerte und mit einem Jagdgast in die kleinen Hügel fuhr, um dort auf den alten Büffel zu pirschen. Doch wie es manchmal so geht: Schon auf dem Hinweg kamen wir an einige Büffel, und da sich unter ihnen ein besonders starker befand, erlegten wir diesen.

Ähnlich verlief es mit zwei oder drei weiteren Safaris. Es gab genügend Wild in der Nähe von Fort Ikoma, und auch um gute Büffel zu bekommen, war es somit nicht notwendig, bis hinauf zum weitentferntesten Revierteil am Marafluß zu fahren. Allerdings ging mir der „Hügelbüffel", wie ich ihn mittlerweile nannte, nicht mehr aus dem Sinn.

Eines Tages gelang es mir auch, mit zwei „Büffelinteressierten" bis in die Hügel an der Keniagrenze vorzustoßen, um diesen speziellen Bullen zu suchen. Doch wir begegneten ihm nicht, obwohl der Busch in diesem Revierabschnitt sehr offen ist und einen guten Revierüberblick zuläßt.

Es wunderte mich allerdings nicht, denn nur wenige afrikanische Wildarten sind standorttreu. Das Wild benötigt – je nach Art – einen mehr oder weniger großen Lebensraum und muß den ständig wechselnden Wasser- und Äsungsverhältnissen folgen. Die Büffel sind sehr wasserabhängig. Nicht allein, daß sie in heißen Gegenden meist zweimal täglich schöpfen, sie lieben es auch, zu suhlen und sich durch eine Schlammschicht vor Plagegeistern wie Zecken, Bremsen und Fliegen zu schützen.

Mit der Zeit nahm „der Hügelbüffel" einen immer größeren Stellenwert in meiner jagdlichen Wunschliste ein. Ich dachte oft an diesen Veteran und hoffte, ihn eines Tages selbst strecken zu können. So ergab es sich fast zwangsläufig, daß mich der Weg bei meiner nächsten eigenen Büffelexpedition in die kleinen Hügel führte.

Wie so häufig wollte ich die Zeit zwischen zwei gebuchten Safaris zur eigenen Jagd nutzen. Zusammen mit meinen afrikanischen Jagdkameraden Mwangangi und Mogabo stand ich am Geländewagen und leuchtete mit dem Glas dieses herrliche Gebiet ab. Die Verhältnisse hätten nicht besser sein können. Es hatte erst kürzlich ausgiebig geregnet. Überall wuchs frisches Gras, auf dem reichlich Wild äste.

Ohne Übertreibung durfte man dieses Gebiet als Wildparadies bezeichnen. Im Norden trennte der Fluß Mara Tansania von Kenia, im Osten und weiter im Süden grenzten die Schutzgebiete der Serengeti an. Es gab keine Straßen, und die nächste menschliche Behausung lag mindestens dreißig Kilometer entfernt in westlicher Richtung. Wie lange mochte es wohl her sein, daß vor mir ein Jäger dieses Gebiet betreten hatte? Wir schlugen ein provisorisches Fly-Camp auf und freuten uns auf die kommenden Tage. Mir ging es um diesen Büffel. Doch eigentlich hätte ich mir größere Gedanken um meine in zwei Wochen ablaufende Leopardenlizenz machen sollen. Mein ganzes Interesse konzentrierte sich jedoch zunächst darauf, diesen markanten Büffel wiederzufinden.

Wir stiegen auf mehrere der kleinen Hügel, die einen guten Überblick in das unter uns liegende Savannenland gewährten. Dabei sahen wir eine Menge Wild, einige kleinere Büffelherden eingeschlossen, doch der Gesuchte befand sich nicht darunter, daran bestand kein Zweifel. Wir hätten ihn an seiner ins Auge springenden Auslage mit Sicherheit sofort erkannt. Auch sein kapitaler Gefährte mit der markanten Narbe war nirgendwo zu entedecken.

So schoß ich abends einen Impalabock, trennte nur die Rückenstücke heraus, um Wildbret für die Eigenverpflegung zu haben, und suchte mir einen geeignet erscheinenden Luderbaum zur Anköderung eines Leoparden aus. Ich fragte mich dabei stets: „Welchen Baum würdest du, falls du ein Leopard wärest, als Freßbaum auswählen?" Meine Begleiter, beide sehr erfahrene Jäger, gaben „ihren Senf" dazu.

Schließlich einigten wir uns auf einen Platz am Rande einer verwachsenen Schlucht. Am Fuße eines Hügels stand dort ein geradezu idealer Luderbaum mit einem wunderbaren waagerechten Freßast. In etwa 60 Meter Entfernung ließ sich bei Bedarf ein dichter Busch schnell in einen Ansitzschirm „umfunktionieren". Außerdem roch diese Ecke geradezu nach Leoparden.

Mit dem Panseninhalt des Impala legten wir eine Schleppe rund um den Hügel, um Aasfresser wie Schakale und Hyänen unter den Luderbaum zu locken. Nachdem wir das Luder in passender Höhe gut verankert hatten, kehrten wir in der schnell hereinbrechenden Dämmerung zu unserem provisorischen Lagerplatz zurück – müde und auch wohl etwas enttäuscht, daß wir den erhofften Büffel nicht gefunden hatten.

Ein kräftiger Schluck und ein ausgiebiges Mahl ließen uns die Anstrengungen des Tages schnell vergessen. Am flackernden Lagerfeuer nahmen wir all die Schönheiten des afrikanischen Abends in uns auf, und ich genoß das herrliche Gefühl, das mich stets befällt, wenn ich fernab der Zivilisation in ursprünglicher Wildnis sein kann.

Wir drei wurden gesprächig und hatten uns eine Menge zu erzählen. Und wieder erfuhr ich viel Neues aus dem Leben der einheimischen Schwarzen, über ihre Einstellung zur Natur, vor allem aber viel Neues aus der reichen Sagenwelt ihrer Vorfahren.

Wir drei kamen aus ganz verschiedenen Welten, gemeinsam hatten wir nur unsere Jagdpassion. Doch das reichte vollkommen aus, um uns bestens zu verstehen.

Mwangangi gehörte als Bantu zum Stamm der Wa-Kamba. Er kam aus Kenia und war der älteste Sohn des berühmten Mbulu, der als legendärer Elefantenwilderer hohes Ansehen genoß und von allen Kambas verehrt wurde. Sein Sohn war die Nr. 1 in meinem Team. Ein herausragender Jäger und der beste Fährtensucher Ostafrikas mit fast legendären Fähigkeiten bei der Verfolgung krankgeschossenen Wildes.

Mogabo war der Älteste in der Runde. Er zählte zu den Wa-Ikomas, einem Stamm der Massai. Er kam aus diesem Gebiet hier und galt bis vor einem Jahr als größter Wilderer der ganzen Region. Das Game Department (Wildhegeamt) hatte mir nahegelegt, ihn anzustellen.

Ich habe diese Entscheidung nie bereut, denn was die Kenntnis über das Jagdgebiet, den Wildstand und die Wildwanderungen anbetraf, gab es keinen besseren. Er war auch ein guter Fährtensucher, erreichte allerdings nie die Leistungen von Mwangangi.

Mogabo war aber auch als Mensch eine wahre Fundgrube. Im Laufe der Jahre habe ich von ihm Dinge gelernt, vor allem aber Geschichten gehört, die wohl kaum jemals ein Weißer erfahren hat.

So saßen wir da und schmiedeten Pläne für den kommenden Tag. Unsere Gespräche drehten sich hauptsächlich darum, wo der alte Büffel jetzt wohl sein könne. Jeder gab seine Vermutung kund, deren Wahrscheinlichkeit wir zusammen diskutierten. Es wurde wieder einmal ein Abend, wie ich ihn liebe: Ohne Zeitdruck und Verpflichtungen gegenüber Gästen beratschlagte ich mit den afrikanischen Gefährten die Chancen der bevorstehenden Jagd und plante mit ihnen den kommenden Tag.

Als unser Feuer heruntergebrannt und auch die Glut zur kalten Asche geworden war, krochen wir in unsere Schlafsäcke, begleitet vom Zirpen der Zikaden, dem Lachen der Hyänen und dem fernen Grollen der Löwen.

Der nächste Morgen weckte uns mit seinem ersten blassen Schimmer am Horizont und dem frühen Vogelruf. Unter der kalten Asche war noch etwas Glut, die, schnell entfacht, uns einen belebenden Morgenkaffee ermöglichte.

Kamillenteebock: Die Rosen seiner Gönnerin waren sein Schicksal

Die Bergwacht rettete mir den traumhaft starken Dallwidder

Die Nordamerika-Ecke der Trophäenhalle auf Hof Dachsborn

Kapitale Antilopen-Trophäen mit Büffelpalette

Trotz Großwildjagd – unübersehbar die Begeisterung für Rehböcke

Big Five in prächtiger Umgebung

Danach ging es zeitig hinaus. Ob wir heute den alten Kämpen aufspüren würden? Oder lebte er gar nicht mehr? Inzwischen war er mir so begehrenswert geworden, daß ich zwei hochkapitale Artgenossen unbeachtet ließ, obwohl einer von ihnen einen atemberaubend dicken Hornschild trug. Nein, ich wollte nur den Alten mit dem abnormen Helm oder gar keinen. Doch mein Hügelbüffel war nirgendwo zu entdecken.

Dafür sah es am Luder umso verheißungsvoller aus. Ein Leopard hatte in der vergangenen Nacht das herabhängende Impala hinauf auf den Freßast gezogen und sich eine tüchtige Portion der Antilope einverleibt. Allerdings war noch genug übriggeblieben, so daß mit seinem Wiederkommen gerechnet werden durfte.

An den Prantenrissen, die er am Stamm als Visitenkarte hinterlassen hatte, vor allem aber durch die gut sichtbare Spur im weichen Sand erkannten wir, daß es sich um ein starkes Exemplar, allem Anschein nach also um einen männlichen Leoparden handeln mußte. Jetzt ging es nur noch um die Frage: Kommt er vor dem Schwinden des Büchsenlichtes zurück oder aber erst in der Nacht?

Sofort bauten wir einen Ansitzschirm. Eine solche Maßnahme verlangt eine gewisse Sorgfalt und Fingerspitzengefühl, da der Leopard über ein mehr als scharfes „Geschau" verfügt und auffällige Veränderungen seiner Umgebung sofort wahrnimmt. Deshalb schnitten wir auch nur den dichten Busch, den wir als Ansitzschirm ausgewählt hatten, für unsere Zwecke vorsichtig zurecht, nahmen die abgeschnittenen Äste und Zweige zum Verblenden und erreichten damit, daß der Busch vorerst sein natürliches Aussehen behielt. Erst mit dem Austrocknen und Verdorren der Äste würde eine allmähliche Veränderung eintreten. Das kleine Schuß- oder Guckloch wurde gut mit Gras ausgepolstert. Es war nicht größer, als zur Aufnahme der Waffe unbedingt nötig.

Der frühe Nachmittag sah mich bereits im Schirm, denn ungestörte Leoparden kehren manchmal recht früh zum Luderbaum zurück. Der Wagen mit meinen beiden Helfern brachte mich bis auf wenige Meter an den Ansitz heran. Ich stieg aus, kroch allein in den Schirm, und das Fahrzeug fuhr gleich wieder davon. Damit hatten wir so wenig frische Spuren wie möglich hinterlassen.

So saß ich dann wartend in der Sonne, ließ mich von den Ameisen beißen und den Fliegen stechen. Mühsam und unendlich langsam kroch die Zeit dahin, denn außer der Hoffnung, daß der Leopard zum Luderbaum zurückkommen könnte, gab es nichts, was mich ablenkte oder die Zeit verkürzte.

Als die Schatten länger geworden waren und ich wieder einmal routinemäßig zum Freßast blickte, durchfuhr mich ein heißer Schreck: Der Leopard befand sich bereits am Luder. Wie ein Hund saß er auf den Keulen und kontrollierte aufmerksam die Gegend. Jetzt durfte ich mir keine verkehrte Bewegung mehr erlauben und mußte geduldig abwarten, bis er hoffentlich bald mit seinem Mahl beginnen würde.

Eigenartig, dachte ich, daß es fast nie gelingt, einen Leoparden kommen zu sehen – ohne jegliche Vorwarnung steht er urplötzlich oben auf dem Luderbaum! Selbst wenn man pausenlos und angestrengt auf das Luder schaut, sieht man ihn nicht anwechseln. Wie von Zauberhand ist er plötzlich da.

Diese gedanklichen Abschweifungen halfen, den Puls wieder einigermaßen zu normalisieren. Als die faszinierende Großkatze endlich ihre Mahlzeit vom vergangenen Tag fortsetzte, befand ich mich bereits in Schußposition. Doch vorerst nützte mir das nichts, denn das Ziel meiner Träume lag ganz flach hinter dem Luder, so daß ich aus meiner Position kaum etwas von ihm sehen konnte. Nur das Knacken der Knochen und leichte Schmatzgeräusche drangen zu mir herüber.

So ging das eine ganze Zeitlang. Ich wartete und wartete mit dem Finger am gestochenen Abzug. Es kam mir wie eine Ewigkeit vor, doch die Bewegungen des Leoparden beschränkten sich auf das Allernotwendigste, während er voll Heißhunger die Fleischstücke in sich hineinschlang.

Die Ungeduld verkrampfte mich. Ich mußte etwas tun, um mich zu beruhigen und aufzulockern. Und so flüsterte ich mir gedanklich immer wieder zu: „Es ist ja noch lange hell, und deine Chance wird sicherlich noch kommen." Das half. Plötzlich machte der Leopard tatsächlich eine Freßpause und richtete sich hoch auf. Nun mußte ich mich nur kurz zusammenreißen, alles andere war fast ein Kinderspiel.

Sackschwer fiel die mächtige Katze vom Baum. Meines Schusses sicher, trat ich schnell aus dem Versteck, um, falls notwendig, nachzuschießen. Doch der Leopard lag, ohne einen Muskel zu rühren, „mausetot" unter dem Luderbaum. Das KS-Geschoß der 8 x 68 S hatte ganze Arbeit geleistet.

Jetzt hatte ich alle Zeit und alles Glück auf Erden zur Verfügung und konnte in aller Ruhe die herrliche leicht rötlich gefärbte Decke bewundern. Es handelte sich, wie vermutet, um einen starken männlichen Leoparden. Die Kugel war in die Kammer eingedrungen und hatte das Rückgrat gefaßt, da ich ja schräg von unten hinauf geschossen hatte. Wie sagt man so bildhaft: „Er hatte den Knall nicht mehr vernommen."

Kurz darauf näherte sich schon das Gebrumm des Geländewagens. Meine Helfer hatten in gebührendem Abstand auf den Schuß gewartet. Sie teilten mit mir die Freude über diese zeitige, fast schon programmgemäß zu nennende Erlegung und die herrliche Beute.

Das fachgerechte Versorgen der Decke füllte den Rest des Abends aus, und zwangsläufig bildeten nach diesem Ereignis Geschichten und Ansichten über Leoparden das Hauptgesprächsthema. So wurde es wieder einmal sehr spät, als wir unsere Schlafstätten aufsuchten.

Den ganzen nächsten Tag suchten wir mit neuer Energie intensiv nach „meinem" speziellen Hügelbüffel, ließen sogar die Mittagsrast aus – ohne Erfolg.

So war der letzte Tag unseres Aufenthaltes in den kleinen Hügeln angebrochen, den ich natürlich ausgiebig nutzen wollte, denn noch hatte ich die Hoffnung nicht aufgegeben. Wir schlugen immer weitere Kreise und bezogen weitere Gebiete in unsere Suche mit ein, doch der Kandidat blieb unauffindbar. Danach stand für mich fest: „Mein Büffel" hielt sich hier nicht mehr auf.

Eigentlich wollten wir am Nachmittag wieder nach Ikoma zurückfahren. Doch da der mitgeführte Treibstoff ebenso wie unsere Verpflegung noch für einen Tag ausreichte, beschlossen wir, eine weitere Nacht „dranzuhängen", um den nächsten Morgen noch nutzen zu können.

Doch als wir am Tag darauf bis zum Mittag weiterhin erfolglos blieben, mußte ich einsehen, es ließ sich nicht erzwingen. Wir packten unsere wenigen Sachen zusammen und fuhren los, zwar ohne Büffel, doch in guter Laune. Wir hatten herrliche Jagdtage erlebt und immerhin einen starken Leoparden erbeutet.

Zwei Stunden waren wir bereits unterwegs, als plötzlich rechts vor uns nahe des Fahrweges zwei alte Büffel, die dort im Schatten einer Schirmakazie geruht hatten, hochwurden und dem ankommenden Fahrzeug entgegenäugten. Wir hielten an, und mir fuhr ein ordentlicher Schreck in die Glieder, denn vor mir stand im hellsten Sonnenlicht der „Hügelbüffel". Die auffälligen Stirnwaffen ließen keinerlei Zweifel aufkommen, außerdem begleitete ihn nach wie vor sein Kompagnon mit der markanten Narbe.

Da die Büffel ganz offensichtlich stark beunruhigt waren, fuhr ich den Wagen ein reichliches Stück weiter, kramte hastig meine .458-Doppelbüchse hervor und pirschte mit Mwangangi zurück.

Mogabo blieb beim Fahrzeug. Trotz aller Vorsichtsmaßnahmen hatten die beiden Büffel aber bereits das Weite gesucht.

Da alte Büffel in der größten Mittagshitze normalerweise nicht allzuweit ziehen, schien das zunächst kein großes Malheur zu sein, zumal Mwangangi die Trittsiegel des Duos im weichen Sand sofort fand und auch keine Mühe hatte, ihnen zu folgen. Sie führten in die Richtung eines uns gut bekannten Wassertümpels. Ich rechnete damit, in kurzer Zeit, spätestens aber in der Nähe des Wassers die Büffel wiederzufinden.

Doch die Annahme sollte sich als Trugschluß erweisen, denn auch nach einer Stunde befanden wir uns auf der Fährte, und noch immer schienen die beiden keine Rast einlegen zu wollen. Das Gelände wurde immer offener. Kurze Zeit später sahen wir auf weite Entfernung die Büffel vor uns herziehen. Auf keinen Fall durften wir Gefahr laufen, diese mißtrauischen alten Herren zu vergrämen, deshalb hielten wir gebührenden Abstand.

In der Ferne tauchte ein weiteres Wasserloch auf. Mit dem Fernglas erkannten wir, daß sich dort bereits drei weitere alte Büffelbullen niedergelassen hatten. Einer von ihnen wurde hoch und äugte aufmerksam den Neuankömmlingen entgegen, die sogleich in das kühlende Nass zogen und ausgiebig suhlten.

Wir hatten Zeit und Muße, die Büffel anzusprechen. Alle fünf Bullen hatten ihre besten Jahre schon hinter sich. Dies deuteten die deutlich sichtbaren Ramsnasen und Kehlwammen an. Die anderen Bullen interessierten mich aber nur am Rande, mein Augenmerk konzentrierte sich ausschließlich auf den Hügelbüffel, der sich in seinem Erscheinungsbild deutlich von der Gruppe abhob.

Wie aber konnten wir unbemerkt herankommen? Der Wind stand zwar gut, denn uns blies eine beständigen Brise ins Gesicht. Doch wie sollten wir unbemerkt eine etwa 200 Meter breite, völlig offene Wiesenfläche überqueren? Das langgesuchte Ziel vor den Augen, wollten wir jetzt natürlich keinen Fehler machen. Doch es blieb uns keine Wahl, wir mußten über die Freifläche heran.

So robbten wir durch den spärlichen Graswuchs auf die Büffel zu. Sofort floß der Schweiß in Strömen, denn die Sonne stand senkrecht am Himmel. Wir krochen ganz flach und eng an den Boden gepreßt, unendlich langsam vorwärts, immer wieder eine Pause einlegend. Als Ziel hatten wir uns einen kleinen Busch gesetzt, der gut 50 Meter von der Suhle entfernt ein wenig Deckung bot.

Wir hatten die freie Fläche fast überquert, als einem der Büffel die komischen Kriechtiere, die da langsam näherrückten, offensichtlich merkwürdig vorkamen. Er äugte scharf herüber, was bei uns sofort eine „Downlage" auslöste, an der jeder Rüdemann seine helle Freude gehabt hätte. Wenig später waren trotzdem alle fünf Bullen auf den Läufen und machten Front gegen uns.

Die Entfernung betrug noch etwa 80 Meter. Höchstens 15 Schritte stand vor mir zum Greifen nahe der anvisierte Busch. Doch im Augenblick blieb er unerreichbar, denn die Bullen schienen nach wie vor nervös zu sein. So blieben wir weiter flach wie eine Flunder reglos liegen und warteten ab. Schließlich beruhigten sich die Büffel doch wieder und taten sich einer nach dem anderen nieder.

Das war noch einmal gutgegangen. Jetzt konnte ich mich vorsichtig bis an den Busch heranarbeiten, wo ich zunächst ausruhen und neue Kräfte für den Schlußakkord sammeln wollte.

Viel Zeit blieb mir dazu aber nicht, denn wie auf ein geheimes Kommando standen alle Büffel plötzlich wieder auf den Läufen. Das Korn der schweren Doppelbüchse zeigte ruhig auf das Blatt „meines Hügelbüffels", der auf 60 Schritt wannenbreit vor mir hochgekommen war. Doch wie unter einem inneren Zwang wanderte der Lauf weiter zu dem halbspitz neben ihm stehenden Gefährten.

Das Korn verharrte auf dem Blattansatz, und schon brach der Schuß. Der Büffel ging in die Knie, warf sich herum und galoppierte in schwerfälligen Fluchten davon. Stoßweise sprühte der Lungenschweiß aus seinem Äser, und bevor ich den zweiten Schuß abgeben konnte, brach er zusammen.

Zur weiteren Beobachtung blieb mir allerdings keine Zeit, denn nur zwei Büffel waren dem beschossenen gefolgt. Die anderen beiden kamen jetzt spitz auf mich zu. Doch ich sah sofort, daß es sich keinesfalls um einen Angriff handelte, sondern daß sie sich rein zufällig in unsere Richtung absetzen wollten.

Um nicht in unliebsame Nähe mit ihnen zu geraten, erhob ich mich hinter meinem kleinen Busch. Etwa 20 Schritte vor mir stoppten sie. Da stand er nun, „mein Hügelbüffel" – erträumt, erhofft, gesucht, schließlich gefunden und dann aus unerklärlichen Gründen im allerletzten Moment doch pardoniert. Erschrocken äugten mich die Büffelsenioren an, dann warfen sie sich prustend herum und waren recht bald unseren Blicken entschwunden.

Wir gingen zu dem inzwischen Verendeten. Gewiß, ein sogenannter Idealtyp mit großer Auslage, gutem Curl und mächtigem Helm. Doch mich hatte als Jäger doch gerade das Außergewöhnliche an der anderen Trophäe, die heruntergezogenen Hörner zusammen mit der extrem weiten Auslage gereizt. Stumm standen wir eine Zeitlang vor dem Gestreckten, dann machte sich Mwangangi auf den Weg zum Fahrzeug.

Und so sitze ich nun hier allein bei meiner Beute und grübele darüber nach, weshalb ich mich so urplötzlich für diesen Bullen hier entschieden hatte, obwohl ich doch zuvor so „heiß" auf den anderen gewesen war?

War der Hügelbüffel mir inzwischen ans Herz gewachsen, weil er clever und gerissen Einstand und Gebiet wechselte und von mir nur durch Zufall entdeckt worden war? Wollte ich vielleicht später auf ihn jagen und deshalb verhindern, daß diese Jagd hier und heute endete? Wer weiß schon so genau, was auf der Jagd bewußt oder auch unbewußt die Entscheidungen des Jägers steuert und beeinflußt?

Eigentlich endet damit diese Geschichte, denn in der Ferne höre ich das Motorengeräusch des herannahenden Geländewagens...

Doch wieder einmal kam alles ganz anders, denn als ich einige Wochen später mit einem Jagdgast in dieser Gegend jagte, sahen wir eine größere Anzahl Geier und Marabus, die sich an einem Aas versammelt hatten. Kurz darauf standen wir vor einem am Vortage eingegangenen Büffel, den die Aasvögel gerade erst gefunden hatten.

Ich glaubte meinen Augen nicht zu trauen: Vor mir lag mein alter Freund, der Hügelbüffel. Es gab keinerlei Zweifel, dafür war seine Trophäe zu markant. Die Todesursache ließ sich nicht feststellen, denn er zeigte äußerlich keinerlei Verletzungen. An Altersschwäche war er gewiß nicht eingegangen, dafür befand er sich in einer zu guten körperlichen Verfassung.

Das unrühmliche Ende dieses Recken ging mir unter die Haut. Es wäre ihm ein ehrenvollerer Tod zu wünschen gewesen, als hier die Beute von Geiern und Hyänen zu werden. Ich konnte es nicht übers Herz bringen, diese Trophäe, zu der ich eine so tiefe Beziehung entwickelt hatte, dem Verderben preizugeben und einfach verludern zu lassen. Deshalb löste ich mit Hilfe von Mwangangi das Haupt trotz des Gestankes und der vielen Fliegen ab und ließ es im Lager fachgerecht versorgen.

Obwohl nicht selbst erlegt, hängt dieser Büffelhelm nun neben dem seines Gefährten, mit dem er vermutlich viele Jahre lang durch die afrikanische Savanne gezogen ist.

Ausblick

Die Zukunft der Jagd scheint auf den ersten Blick tiefschwarz und hoffnungslos. Überall werden Stimmen laut, die eine Abschaffung, zumindest eine weitere Einschränkung durch neue Gesetze fordern. Doch wer soll den Jäger ersetzen? Er ist seit jeher zuverlässiger Anwalt der freilebenden Tierwelt und ihrer Lebensräume, so paradox dies einem Nichtjäger auch erscheinen mag. Überall dort, wo man die Jagd verboten hat, ist es der freilebenden Tierwelt schlecht ergangen, denn sie verlor ihren engagierten Schützer – den Jäger.

Um einen Vergleich zu wagen: Das Pferd war den Menschen jahrhundertelang Fortbewegungsmittel, Zug- und Tragtier, Repräsentationsobjekt und Fleischlieferant. All dies verlor im Zuge der industriellen Revolution allmählich an Bedeutung. Eigentlich hätte man unter diesen Voraussetzungen das baldige Ende dieser edlen Tiere prognostizieren müssen.

Doch mitnichten. Immer mehr Menschen entdeckten, daß für sie das höchste Glück auf Erden auf dem Rücken eines Pferdes liegt. Deshalb erlebte das Pferd eine Renaissance, wenn auch unter ganz neuen Vorzeichen. Niemand muß sich deshalb heute um den Fortbestand dieser stolzen Vierbeiner Sorgen machen.

Warum sollte mit der Jagd nicht eine ähnlich positive Wandlung möglich sein? Voraussetzung für echte Jagd ist und bleibt die Auseinandersetzung des jagenden Menschen mit den überlegenen Sinnen der Tiere. Dies ist jedoch nur gewährleistet, wenn die Tiere sich frei und in ihrem eigene Rhythmus bewegen können. Zu starke Eingrenzungen (Gatter) verhindern wirkliche Jagd, da das Wild nicht mehr ausweichen kann.

Frei lebendes Wild wird jedoch durch den Anstieg der Weltbevölkerung immer mehr zum Problem. Es ist wirtschaftlich kaum zu nutzen – im Gegenteil, vorwiegend richtet es aus menschlicher Sicht Schäden in den immer weiter in den Lebensraum des Wildes vordringenden landwirtschaftlichen Kulturen an. Wenn jedoch die Bejagung für Devisen und Fleisch sorgt, sieht die Sache deutlich besser für alle Beteiligten aus.

Das gilt auch unter zivilisierten Bedingungen: Oder glauben Sie, wir hätten noch soviel Wild in Deutschland (das als eines der dichtbesiedeltsten Länder der westlichen Hemisphäre zum Beispiel über den höchsten Rehwildbestand verfügt), wenn es kein Reviersystem, vor allem aber Jäger geben würde, die hohe Pachten zahlen? Und wäre zum Beispiel unser Schwarzwild so zahlreich, wenn die Jäger nicht für den Wildschaden aufkämen?

Gerade wir Jäger bekommen durch unser „Draußen-sein" mit, wie sehr, vor allem aber wie schnell sich unsere Umwelt verändert. Dem sogenannten technischen Fortschritt fällt immer mehr an Grundwerten zum Opfer. Wir verpesten die Luft, die wir doch alle zum Leben brauchen, vergiften das Wasser und damit Milliarden von Lebewesen. Viele Menschen finden nichts dabei, sich für den „Ernstfall" zum Töten anderer Menschen ausbilden zu lassen, nur weil es ihnen von oben befohlen wird. Die natürlichste aller Tätigkeiten, die Jagd, nennen viele Mitmenschen hingegen inzwischen pervers, was soviel heißt wie unnatürlich, nicht zur Art und Gattung passend.

Wir Jäger haben jahrzehntelang nichts oder nur sehr wenig für unser Image getan, weil Jagd an sich nun mal wenig mit öffentlicher Darstellung, Verwaltung oder Medien zu tun hat. Sie ist mehr nach innen, denn nach außen gerichtet. Doch es zeigt sich immer deutlicher, daß diese Position die Jagd gesellschaftlich ins Abseits geführt hat.

Ich wünsche mir ein Patentrezept, das die Kluft zwischen Jägern und Jagdgegnern überbrücken könnte.

Auf unsere Politiker dürfen wir uns nicht verlassen. Sie haben, selbst wenn sie selber hochpassioniert sind oder waren, stets im Parteiinteresse nach Judasart ihre Passion verleugnet.

Helfen könnten einflußreiche meinungsbildende Verleger, Radio- oder Fernsehverantwortliche, die unermüdlich den wertvollen Beitrag der Jäger für Fauna und Flora heraus- beziehungsweise bei unsachlichen Angriffen richtigstellen. Doch leider haben wir in Deutschland nur einen einzigen Walterpeter Twer und in Frankreich den inzwischen im Ruhestand lebenden Monsieur Sommer.

In den Staaten sieht es damit weitaus besser aus. Dort kann der Präsident kundtun, daß er sich vor einem wichtigen Treffen am liebsten bei der Jagd entspannt. Erfreulich für Afrika auch das jüngste Beispiel aus Namibia, wo dessen Präsident Sam Nujana zu seinem 62. Geburtstag eine Einladung zur Jagd annahm, um einen Kudu sowie eine Elenantilope zu erlegen. Über seinen Erfolg wurde ausführlich auf der Titelseite der einheimischen Zeitungen berichtet.

In England, wo die Gesellschaftsklassen auch heute noch stärker getrennt leben und jede ihr eigenes Hobby pflegt, war Jagd immer ein „Sport" der Oberklasse. Nicht viel anders sah es lange Zeit in Frankreich und Spanien aus. Doch gerade in diesen beiden Ländern hat sich im Laufe der letzten Jahre sehr viel getan. Das Zusammengehen der europäischen Staaten wird auch zu einer Annäherung der Jagdgesetze führen, wobei hoffentlich nicht ausschließlich praxisfremde Bürokraten die führende Rolle übernehmen.

Wie wird die Jagd nach der Jahrhundertwende aussehen? Wird es in den übervölkerten Industrienationen Westeuropas noch bejagbare Wildtiere geben? Oder werden die Jäger Westeuropas in den Osten reisen müssen, wenn sie Büchse oder Flinte führen wollen, ähnlich den amerikanischen Oststaatlern, die allherbstlich zu Beginn der Jagdsaison in die Weststaaten oder nach Kanada/Alaska aufbrechen?

Reichlich ungelöste Fragen, doch ich bin sicher, die Jagd wird weiterbestehen. Allerdings wird sie weniger abenteuerlich sein, weniger Risiken enthalten. Wehrhaftes Großwild wird wahrscheinlich nur vereinzelt zu horrenden Summen bejagt werden können. Alles deutet darauf hin, daß die Jagd „zahmer", geregelter und überschaubarer ablaufen wird. Großflächige Langzeitplanung mit Jagdmanagement heißt die Zukunftsformel.

Vom Ende der Jagd wurde mancherorts schon vor mehr als hundert Jahren gesprochen. So vor der Jahrhundertwende, als wandernde Buren im Süden Afrikas unvorstellbar großen „Wildherden" vernichteten; als man in Ostafrika immer weiter ins Landesinnere vordringen mußte, um noch Elefanten zu finden, die große Stoßzähne trugen; als man in Amerika zur „Lösung der Indianerfrage" nahezu alle Bisons ausrottete. Nur – keines dieser angeführten Beispiele hat meiner Meinung nach etwas mit Jagen zu tun.

Über einen längeren Zeitraum war danach die Jagd aufgrund der politischen Umwälzungen und Kriege kaum ein Thema. Erst zu Beginn der sechziger Jahre entzündeten sich die Diskussionen neu, vor allem als die meisten Staaten Schwarzafrikas ihre Unabhängigkeit erstritten. Bücher wie „Die letzte Jagd" kündigten das Ende der Großwildsafari an. Nicht wenige White-Hunter glaubten, wenn auf einer Safari nicht alle Vertreter der „Big Five", also Elefant, Nashorn, Büffel, Löwe und Leopard, neben einer umfangreichen Antilopenpalette angeboten werden könnten, käme kein Jäger mehr in diesen Kontinent. Diese Skeptiker wurden eines Besseren belehrt.

In den siebziger Jahren wurden Büffelsafaris mit einigem Steppenwild angeboten, und es machten sich mehr Gastjäger auf den Weg nach Afrika als jemals zuvor. Auch ich glaubte damals, dies wäre das mindeste, was angeboten werden sollte, darunter würde es keinen Jäger mehr nach Afrika ziehen.

Doch die vielen Waidgenossen, die später nach Südwestafrika flogen, um dort ausschließlich auf Antilopen zu jagen, haben bewiesen, daß die jagdlichen Ansprüche offensichtlich heruntergeschraubt werden, je geringer die Jagdmöglichkeiten im eigenen Land sind. Der hohe Lebensstandard mit höheren Freizeitwerten und die allgemein zunehmende Reiselust mit modernen Verkehrsmitteln unterstützen diesen Trend.

Ich bin deshalb heute der Überzeugung, daß noch eine große Zukunft in der Jagd außerhalb der heimischen Gefilde liegt.

Waren es in der Vergangenheit die riesigen Streckenerwartungen, die einen Jäger in fremde Länder und Erdteile lockte, so ist inzwischen eine Spezialisierung eingetreten. Eine heutige Jagdreise ist kürzer und zielt meist auf spezielles Wild ab. Der Jäger reist nach Ungarn, um dort einen einzigen Hirsch zu erlegen. Er fährt in die CSFR, weil er weiß, daß es dort kapitale Muffelwidder gibt. Er fliegt nach Kanada, um einen Schwarzbären zu strecken oder steigt in der Mongolei dem starken Bergschaf nach.

Dabei nimmt er häufig primitive Lebensbedingungen in Kauf und zahlt für den Fall, daß er ein besonders kapitales Stück streckt, zumindest im Ostblock viel Geld. Die Lust auf Trophäen hat die Jäger aller Nationen erfaßt. Selbst dort, wo bislang die Wildbretbeschaffung absolut im Vordergrund stand, wie zum Beispiel in Skandinavien oder in Kanada, wird immer mehr Wert auf die Trophäe gelegt – und sei es auch nur aus wirtschaftlichem Interesse. Segen oder Fluch?

Was die bekannten Auswüchse, wie Hybridzucht, Kleingatterjagd und Trophäenmast, betrifft, muß man eindeutig von einem Fluch des Trophäenkultes sprechen. Diese Übersteigerung führt dazu, daß nur die Trophäe allein, nicht mehr aber ihre Erlegung zählt, vom sonstigen Drum und Dran (einschließlich der Verwertung des Wildbrets) einmal ganz abgesehen. Andererseits, was würde es für die weitere Existenz von Wildtieren bedeuten, wenn die Trophäe nicht mehr als begehrenswert und wertvoll gilt oder die Jagd grundsätzlich keinen Reiz mehr ausübt.

Die (Stärke der) Trophäe oder die hohe Strecke bei Niederwild sind es, die die Jäger locken, denn zur Fleischerzeugung haben wir Menschen weitaus produktivere Methoden entwickelt. Geht es jemand nur um das Schießen, kann er sich viel besser auf raffiniert angelegten Schießsportanlagen austoben. Und wem es ausschließlich um die Natur geht, der findet beim Wandern mit Gleichgesinnten weitaus angenehmere und auch preiswertere Möglichkeiten. Aus diesen Gründen braucht also niemand auf die Jagd zu gehen.

Die selbst von vielen Jägern geschmähte Huldigung der Trophäe aber ist für die meisten der sichtbare Beweis, daß sie bei der Jagd erfolgreich waren. Sie ist das erzielte Siegtor, der Lorbeerkranz der Antike. Ob sie diese Trophäen groß herausstellen, damit prahlen oder aber als stille Erinnerung an ihrer Jägerwand aufbewahren, ist Mentalitätssache.

Solange Wildtiertrophäen für den Jäger einen hohen ethischen Wert besitzen, wird er sich dafür einsetzen, daß die Trophäenjagd weiterbesteht. Das ist aber nur möglich, wenn es genügend Wildtiere gibt. Nur aus einer großen Zahl eines natürlich gegliederten Bestandes können sich einige besonders kapitale Geweih- oder Gehörnträger entwickeln. Aus diesem Grund wird der Trophäenjäger nachhaltig daran interessiert sein, Bestände in überlebensfähigen (und damit auch bejagbaren) Größenordnungen zu erhalten.

So sehe ich also für den Fortbestand der Trophäenjagd keine Gefahr – im Gegenteil, ich bin der Meinung, daß alle zukünftigen Weltrekordtrophäen noch nicht geboren sind. Wer diese These anzweifelt, übersieht, wie groß die Erfolge in der Tierzucht sind. Vergleichen Sie einmal die Legeleistung einer Henne vor 30 oder 50 Jahren mit den heutigen Zahlen oder berechnen Sie, um wieviel die Milchausbeute der Kuh zugenommen hat.

Doch was hat das mit der Jagd zu tun, werden Sie fragen. Ich befürchte, daß seit den dreißiger Jahren und den verblüffenden Ergebnissen des „Sesam-Vogts" im Gatter Schneeberg die „Trophäenzucht" begonnen hat.

Wenn um die Jahrhundertwende ein ungarischer Magnat in den Karpaten einen 20ender mit 10 Kilogramm streckte, dann lief alles zusammen. Die Jagdpresse berichtete ausführlich darüber und sprach sogar von einem „Jahrhunderthirsch". Heute werden in mindestens fünf Staaten des Ostens alljährlich stärkere Hirsche erzeugt, und die Presse ignoriert selbst einen 14-kg-Hirsch, wohlwissend, daß das Ende der Geweihstange noch lange nicht erreicht zu sein scheint.

Selbst in unserem übertechnisierten und übervölkerten Deutschland wurde der Rekordgeweihträger keinesfalls vor vielen Jahren, als es kaum Störungen und ein vielfaches an Rotwild gab, erlegt. Nein, gleich zweimal wurde der bestehende Rekord in jüngster Zeit durch Geweihe aus einem großstadtnahen Restrotwildbestand überboten.

So ist zu erwarten, daß auch Spitzentrophäen von Antilopen, Büffeln und weiterem Wild aufgrund besserer Fütterungsbedingungen und verschärfter Zuchtauslese in Zukunft „erzeugt" werden. Diese Entwicklung wird alle Trophäenträger erfassen, vielleicht mit Ausnahme des Elefanten, denn diese Dickhäuter brauchen einen größeren Raum umd weitaus mehr Zeit. Und beides wird immer knapper.

So wird es wohl in Zukunft viel stärkere Trophäen, aber immer weniger wirkliche Jagd geben. Persönlich wäre ich wirklich froh, würde ich mich in diesem Punkt irren. Ich war zeitlebens zwar hinter starken Trophäen her, doch nur, wenn bei der Erlegung jagdliche Bedingungen herrschten.

Im Laufe der Jahre sammelten sich bei mir reichlich Trophäen an, vor allem aus Afrika. Das wollte ich ja, aber irgendwann wurde diese Situation zu einem Problem. Selbst als ich in der Nähe von Koblenz eine riesige alte Scheune ausgebaut hatte, konnte ich die vielen Stücke, 1.814 an der Zahl, nicht alle aufhängen. Da sich in dieser Sammlung sehr viele seltene Beutestücke befanden, ich andererseits dringend Geld benötigte, um neue Ziele zu verwirklichen, verkaufte ich viele Trophäen an Sammler, Präparatoren und Museen.

Interessanterweise konnte ich mich von den Trophäen mit besonderem Erinnerungswert nicht trennen, gleichgültig ob diese nun besonders kapital waren oder nicht. Noch etwas anderes fiel mir auf. Ich hatte zu sehr vielen meiner Trophäen die Beziehung verloren. Es war dies weniger dem Umstand zuzuschreiben, daß ich so viele hatte, sondern vielmehr der Tatsache, daß ich nicht „mit meinen Trophäen lebte".

Früher hatte ich mir oft vorgestellt, daß ich mich an meinen Beutestücken ergötzen würde, wenn ich sie nur erst einmal stil- und waidgerecht aufgemacht hätte. Als ich diesen langgehegten Wunsch dann endlich verwirklicht hatte, sah alles ganz anders aus. Mein „Trophäenmuseum" lag zwar nur wenige Meter von meiner Wohnung entfernt, doch mich zog es immer weniger dorthin, und ich verbrachte keinesfalls die Abende unter diesen jagdlichen Erinnerungsstücken.

Lediglich wenn mich ein Freund oder Kunde besuchte oder ein Fest anstand, weilte ich in diesen Räumen. Langsam aber sicher verlor ich dadurch die innere Beziehung zu diesen Beutestücken. Aus dieser Erkenntnis heraus kann ich nur jedem Waidgenossen raten, seine Trophäen in unmittelbarer Nähe aufzuhängen, so daß er mit ihnen lebt. Trophäenhallen mögen noch so imposant sein, für den Erleger selbst haben sie nur dann einen Wert, wenn er sich nahezu tagtäglich dort aufhält.

Unsere Welt ist zunehmend schnellebiger geworden. Umso erstaunlicher, daß sich althergebrachte Normen wie zum Beispiel das jagdliche Brauchtum in Deutschland solange gehalten haben. Allerdings ist auch hier eine Veränderung in Sicht. Die neuen deutschen Bundesländer mit ihren Jägern, die in einem völlig anderem System gelebt und gewaidwerkt haben, bringen eigene Traditionen und Ideen in die neue Gemeinschaft mit ein, was bei genügend Offenheit auf beiden Seiten belebend wirken könnte.

Unser Reviersystem hat sich für die hiesigen Verhältnisse bewährt, auch wenn bei der Vergabe von Jagdmöglichkeiten eindeutig der Geldbeutel regiert. Doch zu allen Zeiten ist die Jagd ein teures Vergnügen gewesen, das sich nur jene leisten konnten, die willens und in der Lage waren, dafür viel Geld auszugeben.

Obwohl die Motive keinesfalls immer nachahmenswert sind und sehr vieles nur geschieht, um das eigene Ego oder Image zu befriedigen, so ist doch das meiste davon dem Wild zugute gekommen, denn welcher Industriestaat dieser Größenordnung verfügt über so einen artenreichen Wildtierbestand, der solch hohe Strecken zuläßt?

Probleme gibt es auch in anderen Erdteilen und Ländern. Die rasch wachsende Bevölkerung mit ihren Ansprüchen auf Lebensraum und Nahrung drängt die freilebende Tierwelt immer weiter zurück. Viele große Arten kommen wildlebend nur noch in den fast menschenleeren Winkeln unseres Planeten vor. Und wie es scheint, sind auch ihre Tage gezählt.

Andererseits entstanden und entstehen weiterhin in vielen Regionen Bestandsneugründungen durch Aussetzungen. Unseren Edelhirsch kann man sowohl auf Jagdfarmen in Texas, in den Anden Südamerikas, auf den Bergen Neuseelands wie in Südafrika bejagen. Wir haben uns längst damit abgefunden, daß Muffelwidder nicht mehr auf Korsika gejagt werden, dafür aber z.B. in Deutschland, Österreich oder der Tschechoslowakei; daß wir den Himalaya-Thar nicht mehr auf den höchsten Bergen Asiens suchen, sondern in Christchurch/Neuseeland einen Hubschrauber besteigen, der uns ins Mount-Cook-Gebirge fliegt. Hirschziegen-Antilopen gibt es nur noch wenige in Indien, dafür aber umso mehr in Argentinien und Texas.

Da hilft kein Lamentieren, unsere jagdliche Welt verändert sich ständig. Leider trifft das auch auf die Jäger zu, die oft nicht mehr die erforderliche Zeit investieren können oder wollen und eher dreimal im Jahr für eine Woche im fernen Revier weilen, als diese Zeit zusammenhängend in einer Region zu verbringen. Im Gatter zu jagen, lehnen die meisten ab, doch andererseits wird erwartet, daß ein Stück Wild pro Tag zur Strecke kommt, möglichst mit einer überdurchschnittlich starken Trophäe. Wie soll das alles in so kurzer Zeit bewerkstelligt werden?

Die meisten europäischen Jäger legen keinen großen Wert darauf, in eines der Rekordbücher zu kommen. Sie sind aufgrund des CIC-Bewertungssystems eher mit der Klassifizierung nach Medaillen vertraut. Bei unseren Cervidenarten Rehbock, Dam- und Rothirsch genügt zumeist die Angabe des Geweihgewichtes, um eine genaue Vorstellung von der Stärke zu erhalten.

Dem amerikanischen Jäger bedeutet das Trophäen-Rekordbuch alles. Das gehaltvollste ist das Rowland Ward. Es wurde erstmals im Jahre 1892 von dem britischen Präparator Rowland Ward publiziert und hat seitdem 22 Auflagen erfahren. In diesem Trophäenbuch sind nahezu alle großen Waidmänner der Vergangenheit verewigt.

In der USA wurde in den siebziger Jahren ein Safariclub (Safariclub International = SCI) gegründet, der für seine Mitglieder ein eigenes Rekordbuch herausgibt. Die Mindestmaße, die eine Trophäe haben muß, um in dieses Buch aufgenommen zu werden, liegen weitaus niedriger als bei Rowland Ward. Da dieser Club auch in anderen Ländern ständig an Popularität gewinnt und inzwischen weltweit die größte Jägervereinigung darstellt, bezeichnen viele die Spitzentrophäen dieses Rekordbuches als Weltrekorde. Das ist jedoch unzutreffend, denn diese Vereinsrekorde sind meist meilenweit von der weltstärksten Trophäe entfernt. Viele SCI-Rekorde kämen bei Rowland Ward nicht einmal unter die ersten 50.

Da sich der Safariclub International aktiv und effektiv für die Erhaltung der Tierwelt und den Schutz der Jäger engagiert, bin ich selbst – obwohl alles andere als ein Vereinsmeier – vor einigen Jahren Mitglied geworden. Mir gefällt, daß neben den weltweiten Informationen über Wildstände, Jagdgesetze und Neuverordnungen der Überschuß der Mitglieds- und Spendengelder wirkungsvoll zur Unterstützung von Wildforschungsprojekten eingesetzt wird.

Weniger gefällt mir die Zurschaustellung nach den Regeln des amerikanischen Wettbewerbs. Auf der alljährlich groß angelegten Jahreshauptversammlung werden Pokale, Orden und Ehrennadeln an die Erleger besonders starker Trophäen vergeben. Dieser Öffentlichkeitsrummel mag nicht jedermanns Geschmack sein und hat mit wirklicher Jagd ja auch wenig zu tun, doch es entspricht offensichtlich der amerikanischen Lebensart und kommt dort – und nicht nur dort – gut an.

Auch europäische Jäger erwerben – vor allem wenn sie die englische Sprache beherrschen – die SCI-Mitgliedschaft (unterdessen gibt es auch eine deutsche Niederlassung). Man kann es ihnen nicht verdenken, fühlen sie sich doch von ihren althergebrachten Organisationen eher verwaltet als aktiv vertreten.

Die Antriebe für die Passion der Jäger sind bei den einzelnen Nationen grundverschieden. Amerikanische Jäger sind nahezu ausschließlich hinter großen Trophäen her. Dafür tun sie zugegebenermaßen viel, sehr viel. Die Jagd selbst, die Schönheit oder Stimmung von Landschaft und Umgebung beeindrucken dabei kaum. Sie sind hundertprozentig auf ihr großes Ziel fixiert.

Nach britischer Lebensart hat es vor allem sportlich zuzugehen. Ein richtiger englischer Jäger lehnt deshalb jeden Ansitz kategorisch mit einem kurzen „no good sport" ab. Nach Möglichkeit soll das Ziel sich bewegen, also schwierig zu treffen sein. Daß die Gefahr des Anschweißens weitaus größer ist, wird dabei in Kauf genommen. Dem britischen Jäger bedeutet die Jagd alles, die Trophäe zumeist überhaupt nichts. Ein Großteil von ihnen jagt deshalb mit der Flinte, weil diese schwierige (= sportliche) Übung am ehesten ihrer Mentalität entspricht.

Den Jägern aus dem romanischen Raum fehlt es oft an Geduld. Sie wollen nicht warten, bis sie die erhoffte starke Trophäe vor ihrer Büchse haben und schießen deshalb das erstbeste, meist mittelmäßige Stück.

Da jedoch immer mehr Jäger die Angebote nutzen, auch über die Grenzen ihrer Reviere und Länder hinweg jagdliche Erfahrungen zu sammeln und Kontakte zu knüpfen, verwischen sich die zuvor geschilderten nationenbedingten Unterschiede zunehmend. Auch in diesem Punkt leistet der SCI im übrigen einen wichtigen Beitrag durch die von ihm geschaffenen weltweiten Kommunikationsmöglichkeiten.

Der „normale Jäger" möchte ungestört jagen. Er will draußen sein, um die Schönheit der Natur und die Herausforderungen der Jagd zu erleben. Er möchte abschalten und den Druck seines Berufes vergessen. Nach einer starken Trophäe sehnen sich viele. Nur wenige aber sehen in einem Rekordstück das ausschließliche Ziel ihrer Wünsche.

Bisher wurde in diesem Buch eigentlich wenig über Waffen gesprochen, obwohl diese sozusagen zur Grundausstattung eines jeden Jägers gehören. Nachdem ich nun mehr als 40 Jahre auf die Jagd gehe und über 25 Jahre diese Passion zum Beruf gemacht habe, gibt es wohl kaum ein Kaliber oder ein Waffenfabrikat, mit dem ich nicht schon Bekanntschaft geschlossen habe.

Damit will ich nicht sagen, daß ich selbst alle Kaliber geführt habe. Doch im Laufe der Jahre kamen sehr viele Jäger verschiedenster Nationen zu mir und brachten die ganze Bandbreite der Munitionspalette mit. Die meisten schwörten auf das eigene Gewehr. Ich habe es mir angewöhnt, vorbehaltlos die erzielten Resultate der einzelnen Kaliber zu sammeln und dann erst zu gewichten.

Jeder Ballistiker weiß, daß sich alle Werte genau errechnen und ermitteln lassen. Trotzdem gibt es Laborierungen, die auf dem Papier hervorragende Leistungen ausweisen, in der Praxis aber aus verschiedenen Gründen versagen.

Nahezu alle Kaliber wurden für genau bestimmte Einsätze entworfen: So ist die Patrone 6,5 x 68 ein typisches Geschoß für die Gamsjagd, die 9,3 x 74 R wurde speziell für die Waldjagd auf stärkeres Wild konzipiert, während z.B. die Kaliber .300 Winchester oder .300 Weatherby Magnum das ideale Geschoß für den (amerikanischen) Bergjäger darstellen.

Im Zuge der Internationalisierung ist es unterdessen keinesfalls ungewöhnlich, daß europäische Jäger amerikanische Kaliber führen, wie dies auch (seltener) umgekehrt der Fall ist. Doch ein Bergschafjäger wäre mit einer 9,3 x 74 R genauso falsch bewaffnet wie ein Jäger, der im dichten Gehölz mit der 6,5 x 68 auf Sauen geht.

Welch ein Unterschied zwischen dem alten Hahndrilling Kaliber 9,3 x 72 R (der sogenannten Försterpatrone), mit dem ich meinen ersten Rehbock streckte, und der Patrone Kaliber .470 No. 2, die ich aus einer in Ferlach gefertigten Doppelbüchse auf mein erstes Stück Großwild 12 Jahre später abfeuerte. Dazwischen lagen gute und schlechte Erfahrungen mit den vielfältigen Waffensystemen, allerdings vorwiegend im Bereich bis Kaliber 9 mm.

Mit Beginn der Jagd auf das starke und widerstandsfähige Wild in Afrikas Breiten schloß ich zwangsläufig Bekanntschaft mit den „dicken Brummern". Ende der sechziger Jahre wurde die Munitionsbeschaffung in dem von mir bevorzugten Kaliber .470 immer schwieriger. Viel schlimmer allerdings war, daß viele Patronen nicht zuverlässig zündeten. Nach einer Art „Afrikanisches Roulette" stand mir jedoch nicht der Sinn, und ich schaute mich intensiv nach Besserem um.

Meine Wahl fiel auf das unkomplizierte und weit verbreitete Kaliber .458 Winchester Magnum. Weil ich aus bereits dargelegten Gründen bei der Jagd auf gefährliches Wild eine Doppelbüchse bevorzuge, ließ ich mir für diese randlose Patrone eine Bockdoppelbüchse anfertigen. Für mich die optimale Lösung, zumal das Gewehr gut zusammenschoß und klaglos auch härteste Einsätze verdaute.

In Alaska benutzte ich mit sehr guten Ergebnissen Kaliber 8 x 68 S, das genügend Rasanz und Energie auch für weite Schüsse auf starkes Wild mitbringt. Während für Europa die Kaliber .30-06 oder 7 x 64/65 R fast überall ausreichen, gilt in Afrika eher wohl die .375 als Universalkaliber. Für die speziellen Verhältnisse bei der Jagd im Gebirge empfehlen sich die Kaliber .270, die .300er-Gruppe oder die 7 mm Remington Magnum, da sie auch über größere Entfernungen ihre gestreckte Flugbahn beibehalten.

Nicht selten wird dem Jäger vorgeworfen, mit Hochrasanzbüchse und allerbester Optik dem Wild überhaupt keine Chance mehr zu lassen. Dieser Eindruck mag sich vielleicht für einen Außenstehenden ergeben, er stimmt aber in den meisten Fällen mit der Praxis nicht überein.

Zunächst einmal macht der Jäger nicht sogleich auf alle Stücke Dampf, die er sieht. Auferlegte Regeln – wie Schonzeiten, die Auswahl nach Alter, Geschlecht und Klassifizierung – zwingen zum genauen Ansprechen und zur Selektion. Die dafür notwendige Zeit rettet allein schon vielen Stücken das Leben. In vielen Situationen, wie zum Beispiel bei der Bergjagd oder im dichten Busch, ist uns das Wild mit seinen schärferen Sinnen und der Fähigkeit, sich in seinem Terrain sicherer zu bewegen, haushoch überlegen.

In vielen Ländern, vor allem in Amerika, reduzieren Jäger von sich aus ihre „Waffenüberlegenheit". Sie jagen mit Pfeil und Bogen, Kurzwaffe oder Vorderlader. Ich habe allergrößte Hochachtung vor einem Waidgenossen, der in der Lage ist, seine Beute mit Pfeil und Bogen sauber zur Strecke zu bringen, denn er muß dafür sehr nah an das Stück herankommen. Das erfordert Jagdverstand, körperliche Fitness und große Ausdauer.

Selbst habe ich mir diese Kriterien nicht auferlegt. Der alte, schlaue Bock, Hirsch, Gams, Löwe, Büffel, Elch oder Bär waren meist so erfahren und gerissen, daß ich selbst mit einem modernen Gewehr oft genug das Nachsehen hatte und als Schneider nach Hause zurückkehrte.

Wenn ich Fazit ziehe, dann danke ich den Kräften, die dafür sorgten, daß ich ein Jäger wurde. Ein Leben draußen in der freien Natur, inmitten von Tieren und natürlichen Menschen haben mich so reich beschenkt, daß ich dafür Gefahren, finanzielle Unsicherheit, Ehrverlust und Verzicht auf bequemen Luxus ohne Bedauern hingenommen habe. Stünde ich nochmal vor der Wahl, mein Leben völlig der Jagd zu widmen, ich würde ohne zu zögern den gleichen Weg gehen.

Epilog

Der letzte Mammut

In einer schönen und bunten Illustrierten war zu lesen, die Frau eines bekannten Sängers habe bei den Massais in Ostafrika gelebt, hätte dort nicht nur Kraft und Stärke, sondern auch noch den Sinn des Lebens gefunden. Wie schön.

Nur glaube ich nicht daran, daß ein Europäer, noch dazu eine Frau, wie ein Massai leben kann oder will.

Es haben Weiße mit und bei den Indianern in Nord- und Südamerika gelebt, bei den Maoris Neuseelands und den Eskimos in Grönland; sie vegetierten mit den Aborigines im australischen Outback, wollten das Leben der Samurai, sogar das der Kopfjäger nachvollziehen, doch der einzige Europäer, der versuchte, wie ein Massai zu leben, ist wahnsinnig geworden. Allerdings war er das vermutlich schon vorher.

Die Massai (richtigerweise müßten sie eigentlich Maasai genannt werden, weil sich der Name von ihrer Sprache Maa ableitet) gehören zu den wenigen Völkern dieser Erde, die beharrlich jedwede Zivilisation ablehnen. Sie brauchen die Errungenschaften der neuen Welt nicht, denn für sie hat die Vertreibung aus dem Paradies noch nicht stattgefunden. Es sind ihre Kühe, die sie frei und unabhängig machen.

Jene muhenden Hornträger, die bei uns Zivilisationsmenschen Gedanken an Milch, Käse, pralle Euter, Rumpsteak und Tafelspitz auslösen. Dem Massai sind sie Nahrung, Kleidung, Sparkonto, Lebensversicherung und Scheckbuch. Deshalb braucht er weder Kochtopf noch Schreibmaschine, weder Hemd noch Hose, keinen Teller oder Löffel, nicht einmal Brot, darum auch keinen Pflug, folglich auch kein Auto.

Ein Mitglied dieses zu den Niloten zählenden Volkes kennt weder Staat noch Steuern, hat keinen Häuptling und keinen Fürst. Männliche Massais leben viermal, genauer gesagt in vier Lebensabschnitten. Das Leben der Frauen verläuft in ruhigeren, vor allem geschützteren Bahnen. Sie gelten als wertvoller Besitz, und nehmen in dieser Funktion einen wichtigen Stellenwert im sozialen Gefüge ein.

Während wir geplagten Zivilisationswesen viel Nutzloses brauchen, um unserer Meinung nach glücklich zu sein, hat der Massai die Kuh. Außer ihr braucht er nichts anderes. Allerdings strebt er danach, eine vielköpfige Herde zu besitzen.

Die Kühe werden gemolken und liefern mit der Milch eine wichtige Nahrungsquelle. Täglich wird aus der Herde zudem ein Tier ausgewählt, dem man aus der Halsnebenader eine erträgliche Menge Blut abzapft. Dieses Blut – versetzt mit Milch, Holzasche und einigen Spritzern Kuh-Urin – ergibt einen nahrhaften Joghurt, der die Hauptnahrung des Stammes bildet. Rümpfen Sie nicht die Nase, so ein Massai-Joghurt enthält alle lebensnotwendigen Substanzen, ist frei von Ballast und erhält diese Menschen gesund und gertenschlank.

Zum Abdichten der Wände und Dächer dient der Kuh-Dung, der getrocknet auch als Brennstoff Verwendung findet. Kuh-Urin desinfiziert und lindert Floh- und Wanzenstiche. Und aus der Haut der Rinder fertigt man Kleidung und Schuhe. Hautnah leben die Massai mit und von ihren Kühen.

Kein Wunder, daß dieses Volk nicht müde wird, seinen Gott Enkai und die Erde (für Massais ein und dasselbe) zu verehren. Und Enkais Wille ist es, daß die Massais als Nomaden leben. Deshalb wird ein Massai niemals den Boden (sprich Himmel) aufreißen, nicht einmal, um seine Toten zu begraben. Ist ihr Ende nahe, dann werden die Sterbenden hinaus in die Steppe gebracht, wo Hyänen und Geier den natürlichen Kreislauf vollziehen.

Das mag manchem grausam und primitiv vorkommen, für einen Massai aber ist solches Tun vorgeschrieben. Er steht weit über allem irdischen Blendwerk. Auf uns niederes Volk schaut er voller Verachtung, allerdings ohne Groll herab, beleidigen wir doch mit unserem Tun, Arbeit genannt, pausenlos seinen Gott Enkai.

Solange es seinen Kühen gut geht, braucht ein Massai nichts weiter. Er ist abgesichert, lebt ein herrliches freies Leben im gesündesten Klima der Welt, mit warmen Sonnentagen, kühlen Nächten und gelegentlichem Regen. Bisher hat noch keine Menschenseele die jungfräuliche Schönheit eines Morgens im Massailand zu schildern vermocht. Sie läßt sich einfach nicht in Worte fassen.

Doch selbst der zufriedenste Massai hat zuweilen ein „Problem", eine ungeklärte Frage. Doch das wird ihn nicht in Unruhe versetzen. Er wird sie stellen, sobald er meint, jemanden gefunden zu haben, der in der Lage ist, ihm die richtige Antwort zu geben. Auch wenn darüber fast ein Menschenleben vergehen kann.

Die Begebenheit hat sich vor Jahren im südlichen Massailand, im Gebiet von Naberera zugetragen. Wir hatten unser Camp abseits aller Wechsel und Wege stehen und genossen dort Natur pur.

Eines Tages stolzierte ein alter Massai schnurstracks ins Lager.

Ich bot ihm Wasser an, das er aber erst nahm, nachdem er gemäß alter Sitte zuvor seine Spucke zweimal seitlich sowie vor und hinter mir abgesetzt hatte.

Ich spürte sofort, daß er eine drängende Frage auf den Lippen hatte, doch sein Anstand verbot es ihm, diese ohne Umschweife sofort zu stellen. So ging das endlose Frage- und Antwortspiel nach dem Wohlergehen der Kühe, der Söhne, Frauen, Schafe, Ziegen, Töchter und Esel hin und her.

Endlich berichtete er, daß er sogleich aufgebrochen sei, als die Kunde ihn erreichte, ein Weißer habe hier sein Jagdlager errichtet. Er habe sich auf den weiten Weg gemacht in der Hoffnung, ich könne ihm endliche jene Frage beantworten, die ihm schon viele Regenzeiten lang im Kopf herumginge.

Als Kind habe er einige Monde lang eine Missionsschule besucht. Dort hörte er von riesigen Tieren, Mammut genannt, die es in Ulaya, also in Europa, der Heimat der Weißen, geben würde. Leider könne er sich nicht mehr daran erinnern, ob es diese Mammuts dort noch immer gäbe, oder ob sie aus Ulaya weggezogen wären.

Diese Frage warf mich fast vom Campingstuhl, und ich glaubte zunächst, ich hätte mich verhört. Doch nein, mein Besucher wiederholte geduldig seine Frage und zeichnete zur Verdeutlichung die Umrisse eines großen Elefanten mit stark gebogenen Zähnen vor uns in den Sand. Zusätzlich erklärte er noch, diese Mammuts würden so aussehen, wie die Ol Dome (Elefanten) hier, nur weitaus größer wären sie und voll langer Haare.

Ich kam aus dem Staunen nur schwer heraus. Der alte Massai hing gebannt an meinen Lippen, als ich ihm berichtete, das Mammut sei leider schon vor langer Zeit aus Ulaya verschwunden.

Meine Antwort schien ihn zu befriedigen, denn er bedankte sich höflich, und sein Gesicht strahlte Genugtuung aus. Mit dem Gefühl, eine wichtige Frage endlich geklärt zu haben, begab er sich unverzüglich auf den Heimweg.

Am gleichen Abend verkündete unser Transistorradio die erfolgreiche Mondlandung.